CB066954

OS FILHOS DOS DIAS

EDUARDO GALEANO

OS FILHOS DOS DIAS

Tradução de Eric Nepomuceno

6ª edição

L&PM
EDITORES

A L&PM Editores agradece à Siglo Veintiuno Editores pela cessão da capa e das ilustrações internas deste livro.

Texto de acordo com a nova ortografia.

Título original: *Los hijos de los días*

1ª edição: julho de 2012
6ª edição: fevereiro de 2025

Tradução: Eric Nepomuceno
Arte da capa: Tholön Kunst. *Ilustração:* Coco Cano
Ilustrações do miolo: colagens de Eduardo Galeano
Preparação: Jó Saldanha
Revisão: Patrícia Yurgel

CIP-Brasil. Catalogação na Publicação
Sindicato Nacional dos Editores de Livros, RJ

G15f

Galeano, Eduardo H., 1940-2015
 Os filhos dos dias / Eduardo Galeano; tradução de Eric Nepomuceno. – Porto Alegre, RS: L&PM, 2025.
 432p. : il. ; 21 cm

 Tradução de: *Los hijos de los días*
 Índice
 ISBN 978-85-254-2692-5

 1. História - Miscelânea. I. Título.

12-3899.   CDD: 909
                           CDU: 94(8)

© Eduardo Galeano, 2012

Todos os direitos desta edição reservados a L&PM Editores
Rua Comendador Coruja 314, loja 9 – Floresta – 90220-180
Porto Alegre – RS – Brasil / Fone: 51.3225.5777

PEDIDOS & DEPTO. COMERCIAL: vendas@lpm.com.br
FALE CONOSCO: info@lpm.com.br
www.lpm.com.br

Impresso no Brasil
Verão de 2025

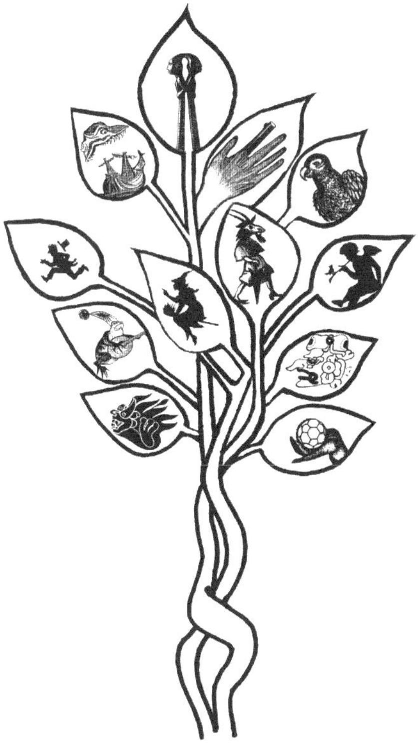

Gratidões

Não posso agradecer a todos os amigos que fizeram este livro possível, nem aos autores das muitas obras que consultei. Os amigos e os autores não lotariam um estádio, mas quase.

Isso, sim: não posso deixar de dedicar o resultado a quem teve a paciência de ler e opinar sobre as primeiras versões, que queriam ser últimas e eram sempre penúltimas, porque sempre havia alguma coisa a ser corrigida ou mudada ou suprimida ou acrescentada: Ramón Akal, Mark Fried, Karl Hübner, Carlos Machado e Héctor Velarde.

Este livro é dedicado a Helena Villagra. Sem palavras.

Em Montevidéu, no final do ano de 2011.

E os dias se puseram a andar.
E eles, os dias, nos fizeram.
E assim fomos nascidos nós,
os filhos dos dias,
os averiguadores,
os buscadores da vida.

(Gênesis, de acordo com os maias)

Janeiro

Janeiro

1

Hoje

Hoje não é o primeiro dia do ano para os maias, os judeus, os árabes, os chineses e outros muitos habitantes deste mundo.

A data foi inventada por Roma, a Roma imperial, e abençoada pela Roma vaticana, e acaba sendo um exagero dizer que a humanidade inteira celebra esse cruzar da fronteira dos anos.

Mas uma coisa, sim, é preciso reconhecer: o tempo é bastante amável com a gente, seus passageiros fugazes, e nos dá permissão para crer que hoje pode ser o primeiro dos dias, e para querer que seja alegre como as cores de uma quitanda.

Janeiro

2

Do fogo ao fogo

Neste dia de 1492 caiu Granada, e com ela caiu a Espanha muçulmana inteira.

Vitória da Santa Inquisição: Granada havia sido o último reino espanhol onde as mesquitas, as igrejas e as sinagogas conseguiam ser boas vizinhas.

No mesmo ano começou a conquista da América, quando a América ainda era um mistério sem nome.

E nos anos seguintes, em fogueiras distantes, o mesmo fogo queimou os livros muçulmanos, os livros hebraicos e os livros indígenas.

O fogo era o destino das palavras que nasciam no Inferno.

Janeiro

3

A memória andante

No terceiro dia do ano 47 a.C., ardeu em chamas a biblioteca mais famosa da Antiguidade.

As legiões romanas invadiram o Egito, e durante uma das batalhas de Júlio César contra o irmão de Cleópatra o fogo devorou a maior parte dos milhares e milhares de rolos de papiro da Biblioteca de Alexandria.

Um par de milênios depois, as legiões norte-americanas invadiram o Iraque e, durante a cruzada de George W. Bush contra o inimigo que ele mesmo inventou, virou cinza a maior parte dos milhares e milhares de livros da Biblioteca de Bagdá.

Na história da humanidade inteira, houve um e só um refúgio de livros seguro e à prova de guerras e incêndios: a biblioteca andante, uma ideia do grão-vizir da Pérsia, Abdul Kassem Ismael, no final do século X.

Homem prevenido, esse viajante incansável levava sua biblioteca consigo. Quatrocentos camelos carregavam cento e dezessete mil livros, numa caravana de dois quilômetros de comprimento. Os camelos também serviam de catálogo das obras: cada grupo de camelos carregava os títulos que começavam com uma das trinta e duas letras do alfabeto persa.

Janeiro

4

Terra que chama

Hoje nasceu, em 1643, Isaac Newton.
Pelo que se sabe, Newton jamais teve amantes ou amantas.
Morreu virgem, tocado por ninguém, apavorado pela ameaça de contágios e fantasmas.
Mas esse senhor medroso teve a coragem de investigar e revelar
o movimento dos astros,
a composição da luz,
a velocidade do som,
a condução do calor
e a lei da gravidade, essa irresistível força de atração da terra que nos chama, e nos chamando nos recorda nossa origem e nosso destino.

Janeiro

5

Terra que diz

George Carver sonhou com Deus.
– *Peça o que quiser* – Deus oferecia.
Carver pediu que lhe revelasse os segredos do amendoim.
– *Pergunte ao amendoim* – disse Deus.
George, filho de escravos, dedicou a vida à ressurreição de terras assassinadas pelas plantações escravistas.

Em seu laboratório, que parecia cozinha de alquimista, elaborou centenas de produtos derivados do amendoim e da batata-doce: óleo, queijo, manteiga, molhos, maionese, sabões, colorantes, tintas, melaço, colas, talco...
– *Quem conta são as plantas* – explicava. – *Elas oferecem tudo a quem souber ouvir o que dizem.*

Quando morreu, no dia de hoje de 1943, tinha mais de oitenta anos e continuava divulgando receitas e conselhos, e dava aulas numa universidade estranha, que tinha sido a primeira a admitir estudantes negros no Alabama.

Janeiro

6

Terra que espera

No ano de 2009, a Turquia devolveu a nacionalidade negada a Nazim Hikmet e reconheceu, finalmente, que era turco seu poeta mais amado e mais odiado. Ele não pôde ser informado da boa-nova: tinha morrido, fazia meio século, no exílio, onde havia passado a maior parte da sua vida.

Sua terra esperava por ele, mas seus livros estavam proibidos, e ele também. O desterrado queria voltar:

Ainda me restam coisas para fazer.
Me reuni com as estrelas, mas não consegui contá-las.
Tirei água do poço, mas não pude oferecê-la.

Não voltou jamais.

Janeiro

7

A neta

Soledad, a neta de Rafael Barrett, costumava recordar uma frase do avô:
– *Se o Bem não existe, é preciso inventá-lo.*

Rafael, paraguaio por escolha própria, revolucionário por vocação, passou mais tempo na cadeia que em casa, e morreu no exílio.

A neta foi crivada a balas no Brasil, no dia de hoje de 1973.

O cabo Anselmo, marinheiro insurgente, chefe revolucionário, foi quem a entregou.

Cansado de ser perdedor, arrependido de tudo o que acreditava e gostava, ele delatou um por um seus companheiros de luta contra a ditadura militar brasileira, e os despachou para o suplício ou o matadouro.

Soledad, que era sua mulher, ele deixou para o fim.

O cabo Anselmo apontou o lugar onde ela se escondia e foi-se embora.

Já estava no aeroporto quando ouviram-se os primeiros tiros.

Janeiro

8

Não digo adeus

Em 1872, por ordem do presidente do Equador, Manuela León foi fuzilada.

Em sua sentença, o presidente chamou Manuela de Manuel, para não deixar registro de que um cavalheiro como ele estava mandando uma mulher para o paredão, embora fosse uma índia bruta.

Manuela havia alvoroçado terras e povoados e havia alçado a indiada contra o pagamento de tributos e contra o trabalho servil. E como se tudo isso fosse pouco, havia cometido a insolência de desafiar para um duelo o tenente Vallejo, oficial do governo, diante dos olhos atônitos dos soldados, e em campo aberto a espada dele tinha sido humilhada pela lança dela.

Quando este último dia chegou, Manuela enfrentou o pelotão de fuzilamento sem venda nos olhos. E perguntada se tinha algo a dizer, respondeu, em sua língua:
– *Manapi*.
Nada.

Janeiro

9

Elogio à brevidade

Hoje foi publicado, na Filadélfia, em 1776, a primeira edição de *Senso comum*.

Thomas Paine, o autor, assegurava que a independência era uma questão de bom-senso contra a humilhação colonial e a ridícula monarquia hereditária, que tanto podia coroar um leão como um burro.

Esse livro de quarenta e oito páginas circulou mais que a água e o ar, e foi um dos pais da independência dos Estados Unidos.

Em 1848, Karl Marx e Friedrich Engels escreveram as vinte e três páginas do *Manifesto comunista*, que começava advertindo: *Um fantasma percorre a Europa*... E essa acabou sendo a obra que mais influenciou as revoluções do século XX.

E vinte e seis páginas tinha a exortação à indignação que Stéphane Hessel divulgou no ano de 2011. Essas poucas palavras ajudaram a desatar terremotos de protestos em várias cidades. Milhares de indignados invadiram as ruas e as praças, durante muitos dias e noites, contra a ditadura universal dos banqueiros e dos guerreiros.

Janeiro

10

Distâncias

O automóvel ia tossindo. E aos trambolhões, empilhados dentro do automóvel, viajavam alguns músicos. Estavam indo alegrar uma reunião de camponeses, mas já fazia um bom tempo que andavam perdidos pelos caminhos ferventes de Santiago del Estero.

Os desorientados não tinham a quem perguntar. Não havia ninguém, não sobrava ninguém naqueles desertos que tinham sido bosques.

E de repente apareceu, numa nuvem de poeira, uma menina de bicicleta.

– *Falta quanto?* – perguntaram a ela.

E ela disse:

– *Falta menos.*

E foi-se embora na poeira.

Janeiro

11

O prazer de ir

Em 1887, nasceu, em Salta, o homem que foi Salta: Juan Carlos Dávalos, fundador de uma dinastia de músicos e poetas.

Pelo que dizem os dizeres, ele foi o primeiro tripulante de um Ford T, o Ford Bigode, naquelas comarcas do Norte argentino.

Pelos caminhos afora, lá vinha seu Ford T, roncando e esfumaçando.

Vinha lento. As tartarugas paravam e se sentavam para esperar por ele.

Um vizinho se aproximou. Preocupado, cumprimentou, comentou:

– Mas, dom Dávalos... Desse jeito, o senhor não vai chegar nunca...

E ele explicou:

– Eu não viajo para chegar. Viajo para ir.

Janeiro

12

A urgência de chegar

Nesta manhã do ano de 2007, um violinista deu um concerto numa estação de metrô da cidade de Washington. Apoiado na parede, perto de um cesto de lixo, o músico, que mais parecia um rapaz do bairro, tocou obras de Schubert e outros clássicos, durante três quartos de hora.

Mil e cem pessoas passaram sem deter seu passo apressado. Sete pararam durante pouco mais que um instante. Ninguém aplaudiu. Houve umas crianças que quiseram ficar, mas foram arrastadas pela mãe.

Ninguém sabia que ele era Joshua Bell, um dos virtuosos mais cotados e admirados do mundo.

O jornal *The Washington Post* havia organizado aquele concerto. Foi sua maneira de perguntar:

– *Você tem tempo para a beleza?*

Janeiro

13

Terra que grita

No ano de 2010, um terremoto engoliu boa parte do Haiti e deixou mais de duzentos mil mortos.

No dia seguinte, Pat Robertson, telepastor evangélico, explicou lá dos Estados Unidos: o pastor de almas revelou que os negros haitianos eram os culpados pela sua liberdade. O Diabo, que os havia libertado da França, estava mandando a conta.

Janeiro

14

A maldição haitiana

O terremoto do Haiti havia sido o ponto culminante da longa tragédia de um país sem sombra e sem água, que havia sido arrasado pela voracidade colonial e pela guerra contra a escravidão.

Os amos destronados explicam isso de outra maneira: o vodu tinha e tem a culpa de todas as desgraças. O vodu não merece ser chamado de religião. Não é nada além de uma superstição vinda da África, magia negra, coisa de negros, coisa do Diabo.

A Igreja católica, onde não faltam fiéis capazes de vender unhas de santos e plumas do arcanjo Gabriel, conseguiu que essa superstição fosse legalmente proibida no Haiti em 1845, 1860, 1896, 1915 e 1942.

Nos últimos tempos, o combate contra a superstição corre por conta das seitas evangélicas. As seitas vêm do país de Pat Robertson: um país que não tem 13º andar em seus edifícios nem fileira 13 em seus aviões, e onde são maioria os civilizados cristãos que acreditam que Deus fabricou o mundo em uma semana.

Janeiro

15

O sapato

Em 1919, a revolucionária Rosa Luxemburgo foi assassinada em Berlim.

Ela foi arrebentada a coronhadas de fuzil pelos assassinos, e depois jogada nas águas de um canal.

No caminho, perdeu um sapato.

Alguém recolheu esse sapato, jogado no barro.

Rosa queria um mundo onde a justiça não fosse sacrificada em nome da liberdade, nem a liberdade sacrificada em nome da justiça.

Todos os dias, alguém recolhe essa bandeira.

Jogada no barro, como o sapato.

Janeiro

16

A proibição é a melhor publicidade

Hoje, em 1920, o Senado dos Estados Unidos aprovou a Lei Seca.

Graças à Lei Seca floresceram a fabricação e o consumo das bebidas proibidas, e Al Capone e sua turma mataram e ganharam mais que nunca.

Em 1933, o general Smedley Butler, que havia comandado os marines dos Estados Unidos ao longo de dezesseis condecorações, confessou que o êxito de Al Capone em Chicago havia influenciado a sua rapaziada em três continentes.

Janeiro

17

O homem que fuzilou Deus

Em 1918, em Moscou, em plena efervescência revolucionária, Anatoli Lunacharski encabeçou o tribunal que julgou Deus.

Uma Bíblia foi sentada no banco dos réus.

Segundo o promotor, Deus havia cometido, ao longo da história, numerosos crimes contra a humanidade.

O advogado da defensoria pública alegou que Deus era inimputável, porque padecia de demência grave; mas o tribunal o condenou à morte.

No amanhecer do dia de hoje, cinco rajadas de metralhadora foram disparadas contra o céu.

Janeiro

18

Água sagrada

Nos tempos da Santa Inquisição, os espanhóis que tomavam banho eram suspeitos de heresia muçulmana. A adoração da água vinha de Maomé.

Maomé havia nascido no deserto, lá pelo ano de 570, e no deserto, reino da sede, havia fundado a religião dos perseguidores da água.

Ele dizia o que Deus, chamado de Alá, tinha mandado dizer: no caminho da salvação, era preciso rezar cinco vezes por dia, flexionando o corpo até que o queixo tocasse o solo, e antes de cada reza era preciso se purificar com água.

– *A limpeza é a metade da fé* – dizia.

Janeiro

19

Uma era nasceu com ele

Em 1736, nasceu o escocês James Watt. Dizem que ele não inventou a máquina a vapor, mas em todo caso foi ele quem soube desenvolvê-la, sem maiores pretensões, e numa oficina modesta engendrou a fonte de energia da revolução industrial.

A partir de então, daquela máquina nasceram outras máquinas, que transformaram os camponeses em operários, e num ritmo de vertigem o dia de hoje se fez amanhã e o dia de ontem foi mandado para a pré-história.

Janeiro

20

Sagrada serpente

Em 1585, em seu terceiro concílio, os bispos do México proibiram que fossem pintadas ou esculpidas serpentes nos muros das igrejas, nos retábulos e nos altares.

Naquela altura, os extirpadores da idolatria já haviam advertido que esses instrumentos do Demônio não provocavam repulsão nem espanto entre os índios.

Os pagãos adoravam as serpentes. As serpentes haviam sido desprestigiadas, na tradição bíblica, desde aquela questão da tentação de Adão, mas a América era um serpentário carinhoso. O ondulante réptil anunciava as boas colheitas, raio que chamava a chuva, e em cada nuvem vivia uma serpente de água. E era uma serpente emplumada o deus Quetzalcóatl, que se foi pelos caminhos da água.

Janeiro

21

Eles caminhavam sobre as águas

No ano de 1779, o conquistador inglês James Cook assistiu a um espetáculo muito estranho, na ilha do Havaí. Era uma diversão tão perigosa quanto inexplicável: na baía de Kealakekua, os nativos se divertiam ficando de pé sobre as ondas e deixando-se levar.

Terá sido Cook o primeiro espectador do esporte que agora chamamos de surf?

Talvez se tratasse de algo mais que isso. Talvez houvesse algo mais nesse ritual das ondas. Afinal, aqueles primitivos acreditavam que a água, mãe de todas as vidas, era sagrada, mas não se ajoelhavam nem se inclinavam diante de sua divindade. Sobre o mar caminhavam, em comunhão com sua energia.

Três semanas mais tarde, Cook foi apunhalado por aqueles caminhantes da água. O generoso navegante, que havia dado a Austrália de presente à coroa britânica, ficou na vontade de dar o Havaí.

Janeiro

22

A mudança de um reino

Neste dia de janeiro de 1808, chegaram à costa do Brasil, sem pão e sem água, os extenuados navios que dois meses antes haviam partido de Lisboa.

Napoleão pisoteava o mapa da Europa, e já estava atravessando a fronteira de Portugal quando se desatou a correria: a corte portuguesa, obrigada a mudar de domicílio, marchava rumo ao trópico.

A rainha Maria encabeçou a mudança. E atrás dela foram o príncipe e os duques, condes, viscondes, marqueses e barões, com as perucas e as roupas faustosas que mais tarde foram herdadas pelo carnaval do Rio de Janeiro. E atrás, amontoados no desespero, vinham sacerdotes e chefes militares, cortesãs, costureiras, médicos, juízes, tabeliães, barbeiros, escrivães, sapateiros, jardineiros...

A rainha Maria não andava lá muito boa da cabeça, para não dizer que estava louca de pedra, mas foi ela que pronunciou a única frase lúcida que se ouviu no meio daquele manicômio:

– *Não corram tanto, que vai parecer que estamos fugindo!*

Janeiro

23

Mãe civilizadora

Em 1901, no dia seguinte ao último suspiro da rainha Vitória, começaram em Londres suas solenes pompas fúnebres. A organização não foi fácil. Merecia uma grande morte essa rainha que havia dado nome a toda uma época e tinha deixado exemplo de abnegação feminina vestindo luto, durante quarenta anos, em memória de seu falecido marido.

Vitória, símbolo do império britânico, dona e senhora do século XIX, havia imposto o ópio na China e a vida virtuosa em sua nação.

No centro de seu império, eram leitura obrigatória as obras que ensinavam a respeitar as boas maneiras. O *Livro de etiqueta*, de Lady Gough, publicado em 1863, desenvolvia alguns mandamentos sociais da época: era preciso evitar, por exemplo, a intolerável proximidade dos livros de autores com os livros de autoras nas prateleiras das bibliotecas.

Os livros só podiam se juntar se o autor e a autora estivessem unidos em matrimônio, como era o caso de Robert e Elizabeth Barrett Browning.

Janeiro

24

Pai civilizador

Em 1965, morreu Winston Churchill. Em 1919, quando presidia o British Air Council, havia oferecido uma de suas frequentes lições da arte da guerra:

Não consigo entender tantos melindres sobre o uso do gás. Estou muito a favor do uso de gás venenoso contra as tribos incivilizadas. Isso teria um bom efeito moral e difundiria um terror perdurável.

E em 1937, falando diante da Palestine Royal Commission, havia oferecido uma de suas frequentes lições de história da humanidade:

Eu não admito que se tenha feito mal algum aos peles-vermelhas da América, nem aos negros da Austrália, quando uma raça mais forte, uma raça de melhor qualidade, chegou e ocupou seu lugar.

Janeiro

25

O direito à picardia

O povo da Nicarágua celebra o Güegüence, e ri junto com ele.

Nesses dias, dias da sua festa, as ruas se transformam em palcos onde esse pícaro conta, canta e dança, e por sua obra e graça todos se transformam em contadores, cantadores e bailadores.

O Güegüence é o pai do teatro de rua na América Latina.

Desde o princípio dos tempos coloniais, ele vem ensinando as artes de mestre enrolador:

– *Quando você não conseguir ganhar, empate. E quando não conseguir empatar, enrole.*

E desde aquele então, de século em século, o Güegüence não parou de se fazer de bobo, inventador de palavras que não significam nada, mestre de diabruras que o próprio Diabo inveja, desumilhador de humilhados, brincalhão, brincante, brincadeiro.

Janeiro

26

Segunda fundação da Bolívia

No dia de hoje do ano de 2009, um plebiscito popular disse sim à nova Constituição proposta pelo presidente Evo Morales.

Até este dia, os índios não eram filhos da Bolívia: eram sua mão de obra, e só.

Em 1825, a primeira Constituição outorgou a cidadania a três ou quatro por cento da população. Os demais – índios, mulheres, pobres, analfabetos – não foram convidados para a festa.

Para muitos jornalistas estrangeiros, a Bolívia é um país ingovernável, incompreensível, intratável, inviável. São os que se enganaram de in: deveriam confessar que a Bolívia, para eles, é um país invisível. E não há nada de estranho nisso, porque até o dia de hoje também a Bolívia foi um país cego de si.

Janeiro

27

Para que você escute o mundo

Hoje nasceu, em 1756, Wolfgang Amadeus Mozart. Séculos depois, até os bebês amam a música que ele nos deixou.

Está comprovado, muitas vezes e em muitos lugares, que o recém-nascido chora menos e dorme mais quando escuta a música de Mozart.

É a melhor maneira de dizer bem-vindo ao mundo, a melhor forma de dizer:
— *Esta é a sua casa nova. Ela soa assim.*

Janeiro

28

Para que você leia o mundo

Quando a letra impressa ainda não existia, o imperador Carlos Magno formou amplas equipes de copistas, que criaram em Aachen a melhor biblioteca da Europa.

Carlos Magno, que tanto ajudou a ler, não sabia ler. E morreu analfabeto, no começo do ano 814.

Janeiro

29

Silenciando, digo

Hoje nasceu Anton Tchékhov, em 1860.
Escreveu como quem não diz nada.
E disse tudo.

Janeiro

30

A catapulta

Em 1933, Adolf Hitler foi nomeado primeiro-ministro da Alemanha. Pouco depois, celebrou um ato imenso, como correspondia ao novo dono e senhor da nação.
Modestamente, gritou:
– *Eu estou fundando a Era da Verdade! Desperta, Alemanha! Desperta!,*
e os rojões, os fogos de artifício, os sinos das igrejas, os cânticos e as ovações multiplicaram os ecos.

Cinco anos antes, o partido nazista havia conseguido menos de três por cento dos votos.

O salto olímpico de Hitler rumo ao topo foi tão espetacular como a simultânea queda, rumo aos abismos, dos salários, dos empregos, da moeda e de todo o resto.

A Alemanha, enlouquecida pelo desmoronamento geral, desatou a caça aos culpados: os judeus, os comunistas, os homossexuais, os ciganos, os débeis mentais e os que tinham a mania de pensar além da conta.

Janeiro

31

Somos de vento

Hoje nasceu, em 1908, Atahualpa Yupanqui.
Na vida, foram três: o violão, o cavalo e ele. Ou quatro, contando o vento.

Fevereiro

Fevereiro

1

Um almirante aos pedaços

Blas de Lezo nasceu em Guipúzcoa, em 1689. Esse almirante da frota espanhola derrotou os piratas ingleses na costa peruana, rendeu a poderosa cidade de Gênova, rendeu a cidade argelina de Orã e, em Cartagena das Índias, humilhou a armada britânica, lutando com muita astúcia e poucas naus.

Em suas vinte e duas batalhas, graças a um tiro de canhão perdeu uma perna, um estilhaço levou um de seus olhos e um tiro de mosquetão o deixou com um braço só.

Era chamado de *Meio-homem*.

Fevereiro

2

A deusa está em festa

Hoje, o litoral das Américas rende homenagem a Iemanjá.

Esta noite, a deusa mãe dos peixes, que há séculos veio da África nos barcos dos escravos, se ergue na espuma e abre os braços. O mar leva para ela pentes, escovas de cabelo, perfumes, doces, boa comida e outras oferendas dos marinheiros que por ela morrem de amor e de medo.

Parentes e amigos de Iemanjá costumam aparecer na festa, vindos do Olimpo africano:

Xangô, seu filho, que desata as chuvas do céu,

Oxumaré, o arco-íris, guardião do fogo,

Ogum, ferreiro e guerreiro, valentão e mulherengo,

Oxum, a amante que dorme nos rios e jamais apaga o que escreve,

e Exu, que é Satanás dos infernos e também é Jesus de Nazaré.

Fevereiro

3

O carnaval abre alas

Em 1899, as ruas do Rio de Janeiro enlouqueceram dançando a música que inaugurou a história do carnaval carioca.

Esse alvoroço debochado se chamava *Ó abre alas*: um maxixe, invenção musical brasileira, que ria das rígidas danças de salão. A autora era Chiquinha Gonzaga, compositora desde a infância.

Aos dezesseis anos, os pais a casaram, e o marquês que depois seria o duque de Caxias foi padrinho do casamento.

Aos vinte, o marido a obrigou a escolher entre o lar e a música:

– *Não entendo a vida sem música* – disse ela, e saiu de casa.

Então seu pai proclamou que a honra familiar tinha sido manchada, e denunciou que Chiquinha havia herdado de alguma avó negra sua tendência à perdição. E a declarou morta, e proibiu que em sua casa o nome daquela desguiada fosse mencionado.

Fevereiro

4

A ameaça

Chamava-se Juana Aguilar, mas era chamada de Juana, a Comprida, pelo escandaloso tamanho de seu clitóris.

A Santa Inquisição recebeu várias denúncias de tal *excesso criminoso*; e no ano de 1803 a Real Audiência da Guatemala mandou que o cirurgião Narciso Esparragosa examinasse a acusada.

Este sábio da anatomia determinou que Juana *contrariava a ordem natural*, e advertiu que o clitóris podia ser perigoso, como bem se sabia no Egito e em outros reinos do Oriente.

Fevereiro

5

A duas vozes

Tinham crescido juntos, o violão e Violeta Parra.
Quando um chamava, a outra ia.
O violão e ela riam, choravam, perguntavam, acreditavam.
O violão tinha um buraco no peito.
Ela também.
No dia de hoje de 1967, o violão chamou e Violeta não foi.
Não foi nunca mais.

Fevereiro

6

O grito

Bob Marley nasceu na pobreza, e gravou suas primeiras músicas dormindo no chão do estúdio.

E em poucos anos se fez rico e famoso e dormiu em leito de plumas, abraçado à Miss Mundo, e foi adorado pelas multidões.

Mas nunca se esqueceu de que ele não era apenas ele.

Pela sua voz cantavam o sonoro silêncio dos tempos passados, a festa e a fúria dos escravos guerreiros que durante séculos tinham enlouquecido seus amos ingleses nas montanhas da Jamaica.

Fevereiro

7

O oitavo raio

Roy Sullivan, um guarda-florestal da Virgínia, nasceu em 1912, neste dia 7, e sobreviveu a sete raios durante seus setenta anos de vida;

em 1959, um raio arrancou a unha de um dedo de seu pé;

em 1969, outro raio desapareceu com suas sobrancelhas e seus cílios;

em 1970, outro raio torrou seu ombro esquerdo;

em 1972, outro raio o deixou careca;

em 1973, outro raio queimou suas pernas;

em 1976, outro raio abriu seu tornozelo;

em 1977, outro raio calcinou seu peito e seu ventre.

Mas não caiu do céu o raio que em 1983 abriu sua cabeça.

Dizem que foi uma palavra, ou um silêncio, de mulher.

Dizem.

Fevereiro

8

A beijação geral

Em 1980 explodiu na cidade brasileira de Sorocaba uma insólita manifestação popular.

Em plena ditadura militar, uma ordem judicial havia proibido os beijos que atentavam contra a moral pública. A sentença do juiz Manuel Moralles, que castigava esses beijos com cadeia, os descrevia assim:

Beijos há que são libidinosos e, portanto, obscenos, como o beijo no pescoço, nas partes pudendas etc., e como o beijo cinematográfico, em que as mucosas labiais se unem numa insofismável expansão de sensualidade.

A cidade respondeu se transformando num grande beijódromo. Nunca ninguém se beijou tanto. A proibição multiplicou a vontade, e teve muita gente que só de curiosidade quis conhecer o gostinho do beijo insofismável.

Fevereiro

9

Mármore que respira

Afrodite foi a primeira mulher nua na história da escultura grega.

Praxíteles a talhou com a túnica caída aos seus pés, e a cidade de Cós exigiu que ele a vestisse. Mas outra cidade, Cnido, deu-lhe as boas-vindas e ofereceu um templo para ela; e em Cnido viveu a mais mulher das deusas, a mais deusa das mulheres.

Embora estivesse trancada e muito bem custodiada, os guardas não conseguiam evitar a invasão dos loucos por ela.

Num dia como o de hoje, farta de tanto acossamento, Afrodite fugiu.

Fevereiro

10

Uma vitória da Civilização

Aconteceu ao norte do rio Uruguai. Sete missões dos sacerdotes jesuítas foram dadas de presente pelo rei da Espanha ao seu sogro, o rei de Portugal. A oferenda incluía os trinta mil índios guaranis que moravam lá.

Os guaranis se negaram a obedecer, e os jesuítas, acusados de cumplicidade com os índios, foram devolvidos para a Europa.

No dia de hoje de 1756, nas colinas de Caiboaté, foi derrotada a resistência indígena.

Triunfou o exército da Espanha e de Portugal, mais de quatro mil soldados acompanhados por cavalos, canhões e numerosos ladrões de terra e caçadores de escravos.

Saldo final, de acordo com dados oficiais:
Indígenas mortos, 1.723.
Espanhóis mortos, 3.
Portugueses mortos, 1.

Fevereiro

11

Não

Enquanto nascia o ano de 1962, uma desconhecida banda – duas guitarras, um baixo, uma bateria – gravou em Londres seu primeiro disco.

Os rapazes voltaram para Liverpool e se sentaram para esperar.

Quando já não tinham mais unhas para roer, num dia como hoje receberam a resposta. A Decca Recording Company dizia a eles, com franqueza:

– *Não gostamos do seu som.*

E sentenciava:

– *As bandas de guitarras estão desaparecendo.*

Os Beatles não se suicidaram.

Fevereiro

12

O direito de mamar

Debaixo do teto ondulado da estação de Chengdu, em Sichuan, centenas de jovens chinesas sorriem para a fotografia.

Todas exibem idênticos aventais novos.

Estão todas recém-penteadas, lavadas, passadas.

Estão todas recém-paridas.

Esperam o trem que as levará a Pequim.

Em Pequim, todas darão de mamar a bebês alheios.

Essas vacas leiteiras serão bem pagas e bem alimentadas.

Enquanto isso, muito longe de Pequim, nas aldeias de Sichuan, seus bebês serão amamentados com leite em pó.

Todas dizem que fazem o que fazem por eles para poder pagar a eles uma boa educação.

Fevereiro

13

O perigo de brincar

No ano de 2008, Miguel López Rocha, que estava brincando nos arredores da cidade mexicana de Guadalajara, escorregou e caiu no rio Santiago.

Miguel tinha oito anos de idade.

Não morreu afogado.

Morreu envenenado.

O rio contém arsênico, ácido sulfúrico, mercúrio, cromo, chumbo e furano, jogados em suas águas pela Aventis, Bayer, Nestlé, IBM, Dupont, Xerox, United Plastics, Celanese e outras empresas, que em seus países estão proibidas de fazer esse tipo de doação.

Fevereiro

14

Crianças roubadas

Os filhos dos inimigos foram prenda de guerra da ditadura militar argentina, que roubou mais de quinhentas crianças em anos recentes.

Muito mais crianças foram roubadas, porém, e durante muito mais tempo, pela democracia australiana, dentro da lei e debaixo de aplausos do público.

No ano de 2008, o primeiro-ministro da Austrália, Kevin Rudd, pediu perdão aos indígenas que tinham sido despojados de seus filhos durante mais de um século.

As agências estatais e as igrejas cristãs haviam sequestrado as crianças, que foram distribuídas por famílias brancas, para salvá-las da pobreza e da delinquência e para civilizá-las e afastá-las dos hábitos selvagens.

Para branquear os negros, diziam.

Fevereiro

15

Outras crianças roubadas

– *O marxismo é a máxima forma da patologia mental* – havia sentenciado o coronel Antonio Vallejo Nájera, psiquiatra supremo na Espanha do generalíssimo Francisco Franco.

Ele havia estudado, nas prisões, as mães republicanas, e havia comprovado que elas tinham *instintos criminosos*.

Para defender a pureza da raça ibérica, ameaçada pela degeneração marxista e pela criminalidade materna, milhares de crianças recém-nascidas ou muito pequenas, filhas de pais republicanos, foram sequestradas e arrojadas aos braços das famílias devotas da cruz e da espada.

Quem foram essas crianças? Quem são, tantos anos depois?

Não se sabe.

A ditadura franquista inventou documentos falsos, que apagaram suas pistas, e aplicou a lei do esquecimento: roubou as crianças e roubou a memória.

Fevereiro

16

A Operação Condor

Macarena Gelman é uma das muitas vítimas da Operação Condor, que foi o nome dado ao mercado comum do terror articulado pelas ditaduras militares sul-americanas.

A mãe de Macarena estava grávida dela quando os militares argentinos a mandaram para o Uruguai. A ditadura uruguaia se encarregou do parto, matou a mãe e deu a filha recém-nascida de presente a um chefe de polícia.

Durante a infância inteira, Macarena dormiu atormentada por um pesadelo inexplicável, que se repetia noite após noite: era perseguida por homens armados até os dentes, e acordava chorando.

O pesadelo deixou de ser inexplicável quando Macarena descobriu a verdadeira história da sua vida. E então ficou sabendo que ela havia sonhado, lá na infância, os pânicos de sua mãe: sua mãe, que a estava modelando no ventre enquanto fugia da caçada militar que acabou alcançando-a e a mandou para a morte.

Fevereiro

17

A festa que não houve

Os peões dos campos da Patagônia argentina tinham entrado em greve contra os salários curtíssimos e as jornadas longuíssimas, e o exército foi encarregado de restabelecer a ordem.

Fuzilar cansa. Nesta noite de 1922, os soldados, exaustos de tanto matar, foram ao prostíbulo do porto San Julián, atrás de sua merecida recompensa.

Mas as cinco mulheres que trabalhavam lá bateram a porta no nariz deles, e puseram todos para correr ao grito de *assassinos, assassinos, fora daqui!*

Osvaldo Bayer guardou seus nomes. Elas se chamavam Consuelo García, Ângela Fortunato, Amália Rodríguez, Maria Juliache e Maud Foster.

As putas. As dignas.

Fevereiro

18

Só dele

Quando Michelangelo ficou sabendo da morte de Francesco, que era seu ajudante e muito mais, arrebentou a marteladas o mármore que estava esculpindo.

Pouco depois, escreveu que aquela morte *foi graça de Deus, mas para mim foi grave dano e infinita dor. A graça está no fato de que Francesco, que em vida me mantinha vivo, morrendo me ensinou a morrer sem pena. Mas eu o tive durante vinte e seis anos... Agora não me resta outra coisa que uma infinita miséria. A maior parte de mim foi-se com ele.*

Michelangelo jaz em Florença, na igreja da Santa Croce.

Ele e seu inseparável Francesco costumavam sentar-se na escadaria dessa igreja, para desfrutar dos duelos em que na vasta praça se enfrentavam, aos pontapés e boladas, os jogadores do que agora chamamos de futebol.

Fevereiro

19

Pode ser que Horacio Quiroga tivesse contado assim sua própria morte:

Hoje, morri.
No ano de 1937, fiquei sabendo que tinha um câncer incurável.
E soube que a morte, que me perseguia desde sempre, havia me encontrado.
Eu enfrentei a morte, cara a cara, e disse a ela:
– *Acabou esta guerra.*
E disse a ela:
– *A vitória é sua.*
 E disse a ela:
– *Mas o quando é meu.*
E antes que a morte me matasse, eu me matei.

Fevereiro

20

Dia da Justiça Social

No final do século XIX, Juan Pío Acosta morava na fronteira uruguaia com o Brasil.

Seu trabalho o obrigava a ir e vir, de povoado em povoado, através daquelas solidões.

Viajava numa carroça puxada a cavalos, junto a oito passageiros de primeira, segunda e terceira classe.

Juan Pío comprava sempre passagem de terceira, que era a mais barata.

Nunca entendeu por que havia preços diferentes. Todos viajavam da mesma forma, os que pagavam mais e os que pagavam menos: apertados uns contra os outros, mordendo pó, sacudidos pelo incessante sacolejar.

Nunca entendeu, até que num dia de inverno a carroça encalhou no barro. E então o manda-chuva ordenou:

– *Os da primeira classe, que fiquem onde estão!*
– *Os de segunda, que desçam!*
– *E os de terceira, que empurrem!*

Fevereiro

21

O mundo encolhe

Hoje é o dia das línguas maternas.
A cada duas semanas, morre um idioma.
O mundo diminui quando perde seus humanos dizeres, da mesma forma que encolhe quando perde a diversidade de suas plantas e bichos.

Em 1974, morreu Ângela Loij, uma das últimas indígenas onas da Terra do Fogo, lá no fim do mundo; e a última que falava a sua língua.

Ângela cantava sozinha, cantava para ninguém, nessa língua que ninguém mais lembrava:

> *Vou andando pelas pegadas*
> *daqueles que já se foram.*
> *Estou perdida.*

Nos tempos idos, os onas adoravam vários deuses. O deus supremo se chamava Pemaulk.
Pemaulk significa *palavra*.

Fevereiro

22

O silêncio

Em Istambul, que naquele tempo se chamava Constantinopla, Paulo, o Silenciário, concluiu seus quinze poemas de amor no ano de 563.

Esse poeta grego devia seu nome ao trabalho que cumpria. Ele cuidava do silêncio no palácio do imperador Justiniano.

Em seu próprio leito, também.

Um dos poemas diz:

> *Teus peitos contra meu peito,*
> *teus lábios em meus lábios.*
> *O resto é silêncio:*
> *eu odeio a boca que jamais se fecha.*

Fevereiro

23

O livro dos prodígios

Num dia destes, o de 1455, saiu à luz a Bíblia, o primeiro livro impresso na Europa com tipografia móvel.

Os chineses vinham imprimindo livros fazia dois séculos, mas foi Johannes Gutenberg quem iniciou a difusão massiva do mais apaixonante romance da literatura universal.

Os romances contam mas não explicam, não têm por que explicar. A Bíblia não diz qual a dieta que Noé seguiu para chegar ao Dilúvio com seiscentos anos de idade, nem qual foi o método que a mulher de Abraão usou para ficar grávida aos noventa, nem esclarece se a burra de Balaã, que discutia com seu amo, sabia falar hebraico.

Fevereiro

24

Uma lição de realismo

Em 1815, Napoleão Bonaparte fugiu de sua prisão na ilha de Elba e fez a viagem de reconquista do trono da França.

Marchava passo a passo, acompanhado por uma tropa crescente, enquanto o jornal *Le Moniteur Universel*, que havia sido seu órgão oficial, assegurava que os franceses estavam loucos de vontade de morrer defendendo o rei Luís XVIII, e chamava Napoleão de *violador à mão armada do solo da pátria, estrangeiro fora da lei, usurpador, traidor, praga, chefe de bandoleiros, inimigo da França que ousa sujar o solo do qual foi expulso*, e anunciava: *Este será seu último ato de loucura.*

No final o rei fugiu, ninguém morreu por ele, e Napoleão sentou-se no trono sem disparar um único tiro.

Então o mesmo jornal passou a informar que *a feliz notícia da entrada de Napoleão na capital provocou uma explosão súbita e unânime, todo mundo se abraça, os vivas ao Imperador enchem o ar, em todos os olhos há lágrimas de alegria, todos celebram o regresso do herói da França e prometem à Sua Majestade o Imperador a mais profunda submissão.*

Fevereiro

25

A noite kuna

O governo do Panamá havia ordenado, por lei, *a redução à vida civilizada das tribos bárbaras, semibárbaras e selvagens que existem no país.*

E seu porta-voz havia anunciado:

— *As índias kunas nunca mais pintarão o nariz mas sim as faces, e já não usarão argolas no nariz mas sim nas orelhas. E já não vestirão molas mas sim vestidos civilizados.*

E elas e eles foram proibidos de sua religião e de suas cerimônias, que ofendiam Deus, e a sua tradicional mania de se governar ao seu modo e maneira.

Em 1925, na noite do dia 25 do mês das iguanas, os kunas passaram à faca todos os policiais que os proibiam de viver sua vida.

Desde então, as mulheres kunas continuam usando argolas nos narizes pintados, e continuam vestindo suas molas, esplêndida arte de uma pintura que usa agulha e linha em vez de pincel. E elas e eles continuam celebrando suas cerimônias e suas assembleias, nas duas mil ilhas onde defendem, por bem ou por mal, seu reino compartilhado.

Fevereiro

26

África minha

No final do século XIX, as potências coloniais europeias se reuniram, em Berlim, para repartir a África.

Foi longa e dura a luta pelo butim colonial, as selvas, os rios, as montanhas, os solos, os subsolos, até que as novas fronteiras fossem desenhadas e no dia de hoje de 1885 fosse assinada, *em nome de Deus Todo-Poderoso*, a Ata Geral.

Os amos europeus tiveram o bom gosto de não mencionar o ouro, os diamantes, o marfim, o petróleo, a borracha, o estanho, o cacau, o café e o óleo de palmeira,

proibiram que a escravidão fosse chamada pelo seu nome,

chamaram de *sociedades filantrópicas* as empresas que proporcionavam carne humana ao mercado mundial,

avisaram que atuavam movidos pelo desejo de *favorecer o desenvolvimento do comércio e da Civilização*,

e, caso houvesse alguma dúvida, explicaram que atuavam preocupados *em aumentar o bem-estar moral e material das populações indígenas.*

Assim a Europa inventou o novo mapa da África.

Nenhum africano compareceu, nem como enfeite, a essa reunião de cúpula.

Fevereiro

27

Os bancos também são mortais

Todo verdor perecerá, havia anunciado a Bíblia.

Em 1995, o Banco Barings, o mais antigo da Inglaterra, entrou em bancarrota. Uma semana depois, foi vendido pelo preço total de uma (1) libra.

Esse banco havia sido o braço financeiro do império britânico.

A independência e a dívida externa nasceram juntas na América Latina. Todos nós nascemos devendo. Em nossas terras, o Banco Barings comprou países, alugou próceres, financiou guerras.

E se achou imortal.

Fevereiro

28

Quando

Quando estava descendo pela escada em caracol de um navio, pensou que bem que podia ser que as moléculas das proteínas viajassem daquele jeito, em espiral e sobre solo ondulado; e isso acabou virando um achado científico.

Quando descobriu que os automóveis tinham a culpa do muito que ele tossia na cidade de Los Angeles, inventou o automóvel elétrico, que foi um fracasso comercial.

Quando ficou doente dos rins, e viu que os remédios não adiantavam nada, se receitou comida saudável e bombardeios de vitamina C. E se curou.

Quando explodiram as bombas em Hiroshima e Nagasaki, foi convidado para dar uma conferência científica em Hollywood, e quando percebeu que não havia dito o que queria dizer, passou a encabeçar a campanha mundial contra as armas nucleares.

Quando recebeu o prêmio Nobel pela segunda vez, a revista *Life* disse que aquilo era um insulto. Em duas ocasiões o governo dos Estados Unidos já o havia deixado sem passaporte, porque era suspeito de simpatias comunistas, ou porque havia dito que Deus era uma ideia não necessária.

Ele se chamava Linus Pauling. Nasceu enquanto nascia o século XX.

Fevereiro

29

O vento não levou

O dia de hoje tem o costume de fugir dos calendários, mas volta a cada quatro anos.

É o dia mais estranho do ano.

Mas esse dia não teve nada de estranho em Hollywood, em 1940.

Com toda normalidade, em 29 de fevereiro Hollywood outorgou quase todos os seus prêmios, oito Oscar, a *O vento levou*, que era um longo suspiro de nostalgia pelos bons tempos da escravidão perdida.

E assim Hollywood confirmou seus hábitos. Vinte e cinco anos antes, seu primeiro supersucesso, *O nascimento de uma nação*, havia sido um hino de louvor ao Ku Klux Klan.

Março

Março

I

Foi

Elisa Lynch estava cavando a tumba com as unhas.
Os soldados vencedores, atônitos, deixavam.
Os arranhões daquela mulher erguiam nuvens de pó vermelho e sacudiam a madeixa avermelhada que chovia sobre seu rosto.
Solano López jazia ao seu lado.
Ela, mutilada dele, não chorava por ele, não olhava para ele: ia atirando terra em cima de seu corpo, inúteis punhados que queriam enterrá-lo na terra que havia sido a sua terra.
Já não havia ele, já não havia Paraguai.
Cinco anos havia durado a guerra.
Havia caído, assassinado, o único país latino-americano que negava obediência aos banqueiros e mercadores.
E enquanto Elisa continuava jogando punhados de terra sobre o homem que havia sido o seu homem, o sol se ia, e com o sol se ia esse maldito dia do ano de 1870.
Da mata do morro chamado de Cerro Corá, uns poucos pássaros lhe diziam adeus.

Março

2

Digo assoviando

O assovio é a linguagem de La Gomera.

Em 1999, o governo das ilhas Canárias decidiu que nas escolas fosse estudado o idioma perpetuado pelo povo que o assovia.

Nos tempos de antigamente, os pastores da ilha de La Gomera se comunicavam assoviando, desde as montanhas distantes, graças aos barrancos que multiplicavam os ecos. E assim transmitiam mensagens e contavam o acontecido, notícias de quem tinha ido e de quem tinha vindo, os perigos e as alegrias, os trabalhos e os dias.

Passaram-se dois séculos, e nesta ilha os assovios humanos, invejados pelos pássaros, continuam sendo tão poderosos como as vozes do vento e do mar.

Março

3

Libertadoras brasileiras

Hoje terminou, em 1770, o reinado de Teresa de Benguela em Quariterê. Foi um dos santuários de liberdade dos escravos fugidos no Brasil. Durante vinte anos, Teresa enlouqueceu os soldados do governador de Mato Grosso. Não conseguiram apanhá-la viva.

Nos esconderijos da floresta, houve umas quantas mulheres que além de cozinhar e parir foram capazes de competir e de mandar, como Zacimba Gambá, no Espírito Santo, Mariana Crioula, no interior do Rio de Janeiro, Zeferina, na Bahia, e Felipa Maria Aranha, no Tocantins.

No Pará, nas margens do rio Trombetas, não havia quem discutisse as ordens de Mãe Domingas.

No vasto refúgio de Palmares, em Alagoas, a princesa africana Aqualtune governou uma aldeia livre, até que foi incendiada pelas tropas coloniais em 1677.

Ainda existe, e se chama Conceição das Crioulas, em Pernambuco, a comunidade que duas negras fugitivas, as irmãs Francisca e Mendecha Ferreira, fundaram em 1802.

Quando as tropas escravistas andavam por perto, as escravas liberadas enchiam de sementes suas frondosas cabeleiras africanas. Como em outros lugares das Américas, transformavam suas cabeças em celeiros, para o caso de ter de sair correndo em disparada.

Março

4

O milagre saudita

Em 1938, explodiu a grande notícia: a Standard Oil Company descobriu um mar de petróleo debaixo dos imensos areais da Arábia Saudita.

Atualmente, esse é o país que fabrica os terroristas mais famosos e o que mais viola os direitos humanos; mas as potências ocidentais, que tanto invocam o perigo árabe para semear pânico ou atirar bombas, se relacionam muitíssimo bem com esse reino de cinco mil príncipes. Será porque também é o reino que mais petróleo vende e mais armas compra?

Março

5

O divórcio como medida higiênica

Em 1953, estreou no México um filme de Luis Buñuel chamado *Ele*. Buñuel, desterrado espanhol, havia filmado o romance de uma desterrada espanhola, Mercedes Pinto, que contava os suplícios da vida conjugal.

Ficou três semanas em cartaz. O público ria como se fosse um filme do Cantinflas.

A autora do romance tinha sido expulsa da Espanha em 1923. Ela havia cometido o sacrilégio de dar uma conferência na Universidade de Madri cujo título já fazia dela alguém insuportável: *O divórcio como medida higiênica*.

O ditador Miguel Primo de Rivera mandou chamá-la. Falou em nome da Igreja católica, a Santa Mãe, e em poucas palavras disse tudo:

– *Ou se cala, senhora, ou vai embora.*

E Mercedes Pinto foi-se embora.

A partir de então, seu passo criativo, que acordava o chão onde pisava, deixou sua marca no Uruguai, na Bolívia, na Argentina, em Cuba, no México...

Março

6

A florista

Georgia O'Keeffe viveu pintando durante quase um século, e pintando morreu.

Seus quadros ergueram um jardim na solidão do deserto.

As flores de Georgia, clitóris, vulvas, vaginas, mamilos, umbigos, eram os cálices de uma missa de ação de graças pela alegria de ter nascido mulher.

Março

7

As bruxas

No ano de 1770, uma lei inglesa condenou as mulheres enganadoras.

Essas pérfidas seduziam os súditos de Sua Majestade e os empurravam ao casamento utilizando artes más como *perfumes, pinturas, banhos cosméticos, dentaduras postiças, perucas, recheios de lã, espartilhos, armações, aros e brincos e sapatos de salto alto.*

As autoras dessas fraudes, dizia a lei, *serão julgadas segundo as leis vigentes contra a bruxaria, e seus matrimônios serão declarados nulos e dissolvidos.*

O atraso tecnológico impediu que fossem incluídos nessa lei o silicone, a lipoaspiração, o botox, a cirurgia plástica e outros prodígios cirúrgicos e químicos.

Março

8

Homenagens

Hoje é o Dia da Mulher.

Ao longo da história, vários pensadores, humanos e divinos, todos machos, cuidaram da mulher, por várias razões:

- Pela sua anatomia

Aristóteles: *A mulher é um homem incompleto.*

São Tomás de Aquino: *A mulher é um erro da natureza, nasce de um esperma em mau estado.*

Martinho Lutero: *Os homens têm ombros largos e cadeiras estreitas. São dotados de inteligência. As mulheres têm ombros estreitos e cadeiras largas, para ter filhos e ficar em casa.*

- Pela sua natureza

Francisco de Quevedo: *As galinhas botam ovos e as mulheres, chifres.*

São João Damasceno: *A mulher é uma jumenta teimosa.*

Arthur Schopenhauer: *A mulher é um animal de cabelos longos e pensamentos curtos.*

- Pelo seu destino

Disse Yahvé à mulher, segundo a Bíblia: *Teu marido te dominará.*

Disse Alá a Maomé, segundo o Corão: *As boas mulheres são obedientes.*

Março

9

O dia em que o México invadiu os Estados Unidos

Nesta madrugada de 1916, Pancho Villa atravessou a fronteira, incendiou a cidade de Columbus, matou alguns soldados, levou embora alguns cavalos e algumas munições, e no dia seguinte voltou para o México, para contar sua façanha.

Essa fugaz incursão dos ginetes de Pancho Villa foi a única invasão que os Estados Unidos sofreram em toda a sua história.

Por sua vez, o país invadiu e continua invadindo quase o mundo inteiro.

Desde 1947, seu Ministério da Guerra se chama Ministério de Defesa, e seu orçamento de Guerra se chama orçamento de Defesa.

O nome é um enigma ainda mais indecifrável que o mistério da Santíssima Trindade.

Março

10

O Diabo tocou violino

Nesta noite de 1712, o Diabo visitou o jovem violinista Giuseppe Tartini, e em sonhos tocou para ele.

Giuseppe queria que aquela música não terminasse nunca; mas, quando acordou, a música tinha ido embora.

Na procura daquela música perdida, Tartini compôs duzentas e dezenove sonatas, que executou com inútil maestria durante toda a sua vida.

O público aplaudia seus fracassos.

Março
11

A esquerda é a universidade da direita

Em 1931 nasceu, na Austrália, um bebê que foi chamado de Rupert.

Em poucos anos, Rupert Murdoch se tornou amo e senhor dos meios de comunicação no mundo inteiro.

O assombroso voo rumo ao êxito não se explica só pela sua astúcia e sua maestria no jogo sujo. Rupert também foi ajudado pelo seu conhecimento dos segredos do sistema capitalista. E isso ele aprendeu quando era um estudante de vinte e poucos anos que admirava Lênin e lia Marx.

Março

12

Mais sabe o sonho que a vigília

Fica rubro o monte Fuji, o símbolo do Japão.

Cobrem o céu as vermelhas nuvens de plutônio, as nuvens amarelas de estrôncio, as nuvens púrpuras de césio, todas elas carregadas de câncer e de outros monstros.

Seis centrais nucleares explodiram.

As pessoas, desesperadas, fogem para lugar nenhum:

– *Eles nos enganaram! Eles mentiram para nós!*

Alguns se atiram no mar ou no vazio, para apressar o destino.

Akira Kurosawa sonhou esse pesadelo, e o filmou, vinte anos antes da catástrofe nuclear que no começo de 2011 desencadeou um apocalipse em seu país.

Março

13

As boas consciências

No dia de hoje do ano de 2007, a empresa bananeira Chiquita Brands, herdeira da United Fruit, reconheceu que durante sete anos havia financiado os paramilitares colombianos, e aceitou pagar uma multa.

Os paramilitares ofereciam proteção contra as greves e outros maus hábitos dos sindicatos de trabalhadores. Cento e setenta e três sindicalistas foram assassinados na região bananeira, naqueles sete anos.

A multa foi de vinte e cinco milhões de dólares. Nem um único centavo chegou às famílias das vítimas.

Março

14

O capital

Em 1883, uma multidão compareceu ao enterro de Karl Marx no cemitério de Londres: uma multidão de onze pessoas, contando o coveiro.

A mais famosa de suas frases foi seu epitáfio:

Os filósofos interpretaram o mundo, de várias maneiras; mas a questão é mudar o mundo.

Este profeta da transformação do mundo passou sua vida fugindo da polícia e dos credores.

Sobre sua obra-prima, comentou:

– Ninguém escreveu tanto sobre o dinheiro, tendo tão pouco dinheiro. *O capital* não vai pagar nem os charutos que fumei enquanto escrevia.

Março

15

Vozes da noite

Neste amanhecer do ano 44 a.C., Calpúrnia despertou chorando.

Ela havia sonhado que o marido, crivado de punhaladas, agonizava em seus braços.

E Calpúrnia contou o sonho para o marido, e chorando rogou que ficasse em casa, porque lá fora o cemitério esperava por ele.

Mas o pontífice máximo, o ditador vitalício, o guerreiro divino, o deus invicto, não podia dar importância ao sonho de uma mulher.

Júlio César afastou-a com um empurrão, e rumo ao Senado de Roma caminhou sua morte.

Março

16

Quem conta um conto

Por esses dias, e em outros também, os narradores que contam contos a viva voz, escrevendo no ar, celebram seus festivais.

Os contadores de contos têm numerosas divindades que os inspiram e amparam.

Entre elas, Rafuema, o avô que contou a história da origem do povo uitoto, na região colombiana de Araracuara.

Rafuema contou que os uitotos nasceram das palavras que contaram seu nascimento. E cada vez que ele contava isso, os uitotos tornavam a nascer.

Março

17

Eles souberam escutar

Carlos e Gudrun Lenkersdorf nasceram e viveram na Alemanha. No ano de 1973, esses ilustres professores chegaram ao México. E entraram no mundo maia, numa comunidade tojolabal, e se apresentaram dizendo:

– *Nós viemos para aprender.*

Os indígenas ficaram em silêncio.

Depois de um tempinho, alguém explicou o silêncio:

– *É a primeira vez que alguém diz isso para a gente.*

E aprendendo Gudrun e Carlos ficaram por lá, durante anos e anos.

Da língua maia, aprenderam que não há hierarquia que separe o sujeito do objeto, porque eu bebo a água que me bebe e sou visto por tudo que vejo, e aprenderam a cumprimentar assim:

– *Eu sou outro você.*

– *Você é outro eu.*

Março

18

Com os deuses por dentro

Na cordilheira dos Andes, os conquistadores espanhóis haviam expulsado os deuses indígenas. A idolatria foi extirpada.

Mas lá pelo ano de 1560 os deuses regressaram. Viajaram com suas grandes asas, vindos sabe-se lá de onde, e se meteram nos corpos de seus filhos, de Ayacucho até Oruro, e nesses corpos dançaram. As danças, que dançavam a rebelião, foram castigadas com o açoite ou a forca, mas não houve maneira de pará-las. E continuaram anunciando o fim da humilhação.

Na língua quéchua, a palavra *ñaupa* significa *foi*, mas também significa *será*.

Março

19

Nascimento do cinema

Em 1895, os irmãos Lumière, Louis e Auguste, filmaram um brevíssimo curta-metragem que mostrava a saída dos operários numa fábrica de Lyon.

Esse filme, o primeiro da história do cinema, foi visto por poucos amigos, muito poucos, e por ninguém mais.

Finalmente, no dia 28 de dezembro, os irmãos Lumière exibiram o filme para o grande público, junto com outros nove curtas-metragens de sua autoria, que também registravam fugazes momentos da realidade.

No porão do Grand Café de Paris, aconteceu a estreia mundial do prodigioso espetáculo, filho da lanterna mágica, da roda da vida e de outras artes de ilusionistas.

Lotação completa. Trinta e cinco pessoas, a um franco o ingresso.

Georges Méliès foi um dos espectadores. Quis comprar a máquina filmadora. Como não quiseram vender, inventou outra.

Março

20

O mundo que poderia ter sido

No dia 20 de março de 2003 os aviões do Iraque bombardearam os Estados Unidos.

Atrás das bombas, as tropas iraquianas invadiram o território norte-americano.

Houve numerosos danos colaterais. Muitos civis norte-americanos, em sua maioria mulheres e crianças, perderam a vida ou foram mutilados. Desconhece-se a cifra exata, porque a tradição manda contar as vítimas das tropas invasoras e proíbe contar as vítimas da população invadida.

A guerra foi inevitável. A segurança do Iraque, e da humanidade inteira, estava ameaçada pelas armas de destruição massiva acumuladas nos arsenais dos Estados Unidos.

Nenhum fundamento tinham, porém, os rumores insidiosos que atribuíam ao Iraque a intenção de ficar com o petróleo do Alasca.

Março

21

O mundo que é

A Segunda Guerra Mundial foi a que mais gente matou em toda a história das carnificinas humanas, mas a contagem das vítimas ficou aquém.

Muitos soldados das colônias não apareceram nas listas dos mortos. Eram os nativos australianos, indianos, birmaneses, filipinos, argelinos, senegaleses, vietnamitas e outros tantos negros, marrons e amarelos obrigados a morrer pela bandeira de seus amos.

Cotações: há viventes de primeira, segunda, terceira e quarta categoria.

Com os mortos acontece a mesma coisa.

Março

22

Dia da Água

De água somos.

Da água brotou a vida. Os rios são o sangue que nutre a terra, e são feitas de água as células que nos pensam, as lágrimas que nos choram e a memória que nos recorda.

A memória nos conta que os desertos de hoje foram os bosques de ontem, e que o mundo seco foi mundo molhado, naqueles remotos tempos em que a água e a terra eram de ninguém e eram de todos.

Quem ficou com a água? O macaco que tinha o garrote. O macaco desarmado morreu de uma garrotada. Se não me engano, assim começava o filme *2001, Uma odisseia no espaço*.

Algum tempo depois, no ano de 2009, uma nave espacial descobriu que existe água na Lua. A notícia apressou os planos de conquista.

Pobre Lua.

Março

23

Por que massacramos os índios

No ano de 1982 o general Efraín Ríos Montt derrubou outro general, através de rasteira certeira, e se proclamou presidente da Guatemala.

Um ano e meio depois, o presidente, pastor da Igreja do Verbo, com sede na Califórnia, se atribuiu a vitória na guerra santa que exterminou quatrocentas e quarenta comunidades indígenas.

De acordo com o que ele disse, essa façanha não teria sido possível sem a ajuda do Espírito Santo, que dirigia seus serviços de inteligência. Outro importante colaborador, seu assessor espiritual Francisco Bianchi, explicou a um correspondente do *The New York Times*:

– *A guerrilha tem muitos colaboradores entre os índios. Esses índios são subversivos, não é mesmo? E como acabar com a subversão? É evidente que é preciso matar esses índios. Depois vão dizer por aí: "Estão massacrando inocentes". Mas não são inocentes.*

Março

24

Por que desaparecemos os desaparecidos

No dia de hoje do ano de 1976, nasceu a ditadura militar que desapareceu com milhares de argentinos.

Vinte anos depois, o general Jorge Rafael Videla explicou ao jornalista Guido Braslavsky:

– *Não, não dava para fuzilar. Vamos pôr um número, vamos dizer cinco mil. A sociedade argentina não teria apoiado os fuzilamentos: ontem dois em Buenos Aires, hoje seis em Córdoba, amanhã quatro em Rosário, e isso até cinco mil... Não, não era possível. E dizer onde estão os restos? Mas o que é que podíamos dizer? No mar, no rio da Prata, no Riachuelo? Chegou-se a pensar, na época, em divulgar as listas. Mas depois pensamos: se são dados por mortos, em seguida virão as perguntas que não podem ser respondidas: quem matou, quando, onde, como...*

Março

25

A anunciação

Em algum dia como hoje, dia mais, dia menos, o arcanjo Gabriel desceu dos céus e a Virgem Maria ficou sabendo que o filho de Deus habitava o seu ventre.

Hoje, as relíquias da Virgem são veneradas em numerosas igrejas mundo afora:

sandálias e pantufas que ela usou,
camisolas e vestidos que foram dela,
toucas, diademas, pentes,
véus e cabelos,
marcas do leite que deu de mamar a Jesus,
e suas quatro alianças de casamento, embora ela tenha se casado uma vez só.

Março

26

Libertadoras maias

Nesta noite de 1936, foi morta a pedradas Felipa Poot, indígena maia, no povoado de Kinchil.

No meio das pedradas, caíram com ela três companheiras, também maias, que ao seu lado lutavam contra a tristeza e o medo.

Foram mortas pela *casta divina*, como se chamavam a si mesmos os donos da terra e da gente de Iucatã.

Março

27

Dia do Teatro

No ano de 2010, a empresa Murray Hill Inc. exigiu que os políticos que fingem governar deixassem de fazer teatro.

Pouco antes, a Suprema Corte de Justiça dos Estados Unidos havia declarado que não violam a lei as empresas que financiam as campanhas eleitorais dos políticos; e, desde muito antes, já eram legais os subornos que os legisladores recebem através dos *lobbies*.

Aplicando o bom-senso, Murray Hill Inc. anunciou que apresentaria sua candidatura ao Congresso dos Estados Unidos, pelo estado de Maryland. Já era hora de prescindir dos intermediários:

– *É a nossa democracia. Nós a compramos. Nós pagamos por ela. Por que não assumirmos o volante? Votem em nós, para ter a melhor democracia que o dinheiro pode comprar.*

Muita gente pensou que era piada. Era?

Março

28

A fabricação da África

Em 1932, pouco depois de sua estreia, *Tarzan, o rei das selvas* atraía multidões que faziam longas filas nos cinemas.

Desde então, Tarzan foi Johnny Weissmuller, nascido na Romênia, e seu grito, difundido por Hollywood, foi o idioma universal da África, embora ele nunca tenha estado lá.

Tarzan não tinha um vocabulário dos mais ricos, só sabia dizer *Me Tarzan, you Jane*, mas nadava feito ninguém, ganhou cinco medalhas de ouro nos Jogos Olímpicos e gritava como ninguém jamais havia gritado.

Esse uivo do rei da selva era obra de Douglas Shearer, um especialista em som que soube mesclar vozes de gorilas, hienas, camelos, violinos, sopranos e tenores.

Até o último de seus dias, Johnny Weissmuller teve que suportar o assédio de admiradoras que rogavam para ele uivar.

Março

29

Aqui existiu uma selva

Milagre na selva amazônica: no ano de 1967, um grande jorro de petróleo brotou do lago Agrio.

A partir de então, a empresa Texaco sentou-se à mesa, guardanapo no pescoço e garfo na mão, e se fartou de engolir petróleo e gás durante um quarto de século, e cagou sobre a selva equatoriana setenta e sete bilhões de litros de veneno.

Os indígenas não conheciam a palavra *contaminação*. Ficaram conhecendo quando os peixes desandaram a morrer nos rios de barriga para cima, as lagoas ficaram salgadas, as árvores secaram na beira d'água, os animais começaram a fugir, a terra deixou de dar frutos e as pessoas passaram a nascer doentes.

Vários presidentes do Equador, todos eles acima de qualquer suspeita, colaboraram na tarefa, que foi desinteressadamente aplaudida pelos publicitários que a exaltaram, os jornalistas que a enfeitaram, os advogados que a defenderam, os especialistas que a justificaram e os cientistas que a absolveram.

Março

30

Dia do Serviço Doméstico

Maruja não tinha idade.

De seus anos de antes, nada contava. De seus anos de depois, nada esperava.

Não era bonita, nem feia, nem mais ou menos.

Caminhava arrastando os pés, empunhando o espanador, ou a vassoura, ou a caçarola.

Acordada, afundava a cabeça entre os ombros.

Dormindo, afundava a cabeça entre os joelhos.

Quando falavam com ela, olhava para o chão, como quem conta formigas.

Havia trabalhado em casas alheias desde que tinha memória.

Nunca havia saído da cidade de Lima.

Fez muita faxina, de casa em casa, e não se achava em nenhuma delas. Finalmente, encontrou um lugar onde foi tratada como se fosse uma pessoa.

Poucos dias depois, foi-se embora.

O carinho estava virando costume.

Março

31

Essa pulga

Em 1631, John Donne morreu em Londres.
Este contemporâneo de Shakespeare não publicou nada, ou quase nada.
Séculos depois, tivemos a sorte de conhecer alguns dos versos que deixou.
Como estes:

> *Duas vezes te amei, ou três vezes,*
> *quando não conhecia teu rosto nem teu nome*

Ou estes:

> *Mordeu-me, e agora te morde,*
> *e nesta pulga se mesclam nossos sangues.*
> *Esta pulga sou eu, e és tu,*
> *e ela é nosso leito matrimonial,*
> *nosso templo.*

Abril

Abril

1

O primeiro bispo

Em 1553, o primeiro bispo do Brasil, Pedro Sardinha, desembarcou nestas terras.

Três anos depois, no sul de Alagoas, foi comido pelos índios caetés.

Alguns brasileiros acham que esse almoço foi uma invenção, um pretexto do poder colonial para roubar as terras dos caetés e exterminá-los ao longo de uma longa *guerra santa*.

Outros brasileiros, porém, acham que essa história ocorreu do jeito que é contada. O bispo Sardinha, que levava o destino no nome, foi o involuntário fundador da gastronomia nacional.

Abril

2

A fabricação da opinião pública

Em 1917, o presidente Woodrow Wilson anunciou que os Estados Unidos entrariam na Primeira Guerra Mundial.

Quatro meses e meio antes, Wilson tinha sido reeleito por ser *o candidato da paz.*

A opinião pública recebeu seus discursos pacifistas e sua declaração de guerra com o mesmo entusiasmo.

Edward Bernays foi o principal autor desse milagre.

Quando a guerra terminou, Bernays reconheceu publicamente que tinham sido inventadas as fotos e as histórias que acenderam o espírito bélico das massas.

Esse êxito publicitário inaugurou uma carreira brilhante.

Bernays se transformou no assessor de vários presidentes e dos empresários mais poderosos do mundo.

A realidade não é o que é, e sim o que eu digo que ela é: Bernays desenvolveu melhor que ninguém as técnicas modernas de manipulação coletiva, que empurram as pessoas para que comprem um sabonete ou uma guerra.

Abril

3

Bons garotos

Em 1882, uma bala entrou na nuca de Jesse James. Foi disparada pelo seu melhor amigo, para receber a recompensa.

Antes de se transformar no bandoleiro mais famoso, Jesse havia combatido contra o presidente Lincoln, nas fileiras do exército escravagista do Sul. Quando perderam a guerra, ele não teve outro remédio a não ser mudar de emprego. Assim nasceu a quadrilha de Jesse James.

A quadrilha, que usava máscaras do Ku Klux Klan, começou suas atividades assaltando um trem pela primeira vez na história dos Estados Unidos; e depois de limpar todos os passageiros, se dedicou a rapar bancos e diligências.

A lenda conta que Jesse foi um tipo meio Robin Hood do Velho Oeste, que roubava dos ricos para ajudar os pobres, mas ninguém jamais conheceu um pobre que tivesse recebido uma única moeda de suas mãos.

Em compensação, está mais que provado que ele ajudou Hollywood, e muito. A indústria do cinema deve a ele quarenta filmes, quase todos de sucesso, onde os astros mais famosos, de Tyrone Power a Brad Pitt, empunharam seu revólver fumegante.

Abril

4

O fantasma

Em 1846 nasceu Isidore Ducasse.

Eram tempos de guerra em Montevidéu, e ele foi batizado ao som de tiros de canhão.

Assim que pôde, foi-se embora para Paris. Lá se transformou no Conde de Lautréamont, e seus pesadelos contribuíram para a fundação do surrealismo.

Neste mundo, passou de visita: em sua breve vida incendiou a linguagem, em suas palavras ardeu e virou fumaça.

Abril

5

Dia de luz

Aconteceu na África, em Ifé, cidade sagrada do reino dos iorubas, talvez num dia como hoje, ou quem sabe quando.

Um velho, já muito enfermo, reuniu seus três filhos e anunciou:

– *Minhas coisas mais queridas serão de quem conseguir encher esta sala completamente.*

E esperou lá fora, sentado, enquanto a noite caía.

Um dos filhos trouxe toda a palha que conseguiu juntar, mas a sala só ficou cheia até a metade.

Outro filho trouxe toda a areia que conseguiu reunir, mas metade da sala ficou vazia.

O terceiro filho acendeu uma vela.

E a sala se encheu.

Abril

6

Travessia da noite

Em certas aldeias perdidas nas montanhas da Guatemala, mãos anônimas criam bonequinhos das preocupações.

Eles são um santo remédio contra as preocupações: despreocupam os preocupados e os salvam da peste da insônia.

Os bonequinhos das preocupações não dizem nada. Eles curam escutando. Agachados debaixo do travesseiro, escutam os pesares e os penares, as dúvidas e as dívidas, tormentos que acossam o dormir humano, e magicamente levam tudo para longe, muito longe, até o lugar secreto onde nenhuma noite é inimiga.

Abril

7

A conta do doutor

Há três mil e setecentos anos, o rei da Babilônia, Hamurabi, estabeleceu por lei as tarifas médicas, ditadas pelos deuses:

Se o médico curou com sua lanceta de bronze uma ferida grave ou o abscesso em um olho de um homem livre, receberá dez shekels de prata.
Se o paciente é de família pobre, o médico receberá cinco shekels de prata.
Se o paciente é escravo de um homem livre, seu senhor pagará ao médico dois shekels de prata.
Serão cortadas as mãos do médico se o seu tratamento tiver causado a morte de um homem livre ou provocado a perda de um olho.
Se o tratamento causou a morte do escravo de um homem pobre, o médico lhe entregará um escravo seu. Se o tratamento tiver causado a perda de um olho do escravo, o médico pagará a metade do preço do escravo.

Abril

8

O homem que nasceu muitas vezes

Morreu hoje, em 1973, Pablo Diego José Francisco de Paula Juan Nepomuceno María de los Remedios Cipriano de la Santísima Trinidad Ruiz y Picasso, mais conhecido como Pablo Picasso.

Tinha nascido em 1881. E dá para ver que gostou de nascer, porque continuou nascendo.

Abril

9

A boa saúde

No ano de 2011, pela segunda vez a população da Islândia disse não às ordens do Fundo Monetário Internacional.

O FMI e a União Europeia tinham decidido que os trezentos e vinte mil habitantes da Islândia deveriam assumir a bancarrota dos banqueiros e pagar suas dívidas internacionais na base de doze mil euros por cabeça.

Essa socialização pelo avesso foi rejeitada em dois plebiscitos:

– *Essa dívida não é nossa. Por que vamos pagar?*

Num mundo enlouquecido pela crise financeira, a pequena ilha perdida nas águas do norte nos deu, a todos nós, uma saudável lição de bom senso.

Abril

10

A fabricação de doenças

Boa saúde? Saúde ruim? Tudo depende do ponto de vista. Do ponto de vista da grande indústria farmacêutica, a má saúde é muito saudável.

A timidez, digamos, podia ser simpática, e talvez atrativa, até se transformar em doença. No ano de 1980, a American Psychiatric Association decidiu que a timidez é uma doença psiquiátrica e a incluiu em seu *Manual de alterações mentais*, que periodicamente põe os sacerdotes da Ciência em dia.

Como toda doença, a timidez precisa de medicamentos. Desde que a notícia se tornou conhecida, os grandes laboratórios ganharam fortunas vendendo esperanças de cura aos pacientes infestados por essa *fobia social, alergia a pessoas, doença médica severa...*

Abril

11

Meios de comunicação

No dia de hoje do ano de 2002, um golpe de Estado transformou o presidente dos empresários em presidente da Venezuela.

Pouco durou a sua glória. Um par de dias depois, os venezuelanos, esparramados pelas ruas, restituíram o presidente eleito pelos seus votos.

As grandes emissoras de televisão e as rádios de maior difusão da Venezuela haviam celebrado o golpe, mas não perceberam que o povo havia devolvido Hugo Chávez ao seu devido lugar.

Por se tratar de uma notícia desagradável, os meios de comunicação não comunicaram nada.

Abril

12

A fabricação do culpado

Num dia como o de hoje do ano 33, dia a mais, dia a menos, Jesus de Nazaré morreu na cruz.

Seus juízes o condenaram por *incitação à idolatria, blasfêmias e superstição abominável.*

Alguns séculos depois, os índios das Américas e os hereges da Europa foram condenados por esses mesmos crimes, exatamente os mesmos, e em nome de Jesus de Nazaré foram castigados com açoite, forca ou fogo.

Abril

13

Não soubemos ver você

No ano de 2009, no átrio do convento de Mani de Iucatã, quarenta e dois frades franciscanos cumpriram uma cerimônia de desagravo à cultura indígena:

– Pedimos perdão ao povo maia, por não haver entendido sua cosmovisão, sua religião, por negar suas divindades; por não ter respeitado sua cultura, por haver imposto durante muitos séculos uma religião que não entendiam, por haver satanizado suas práticas religiosas, e por haver dito e escrito que eram obra do Demônio e que seus ídolos eram o próprio Satanás materializado.

Quatro séculos e meio antes, naquele mesmo lugar, outro frade franciscano, Diego de Landa, havia queimado os livros maias, que guardavam oito séculos de memória coletiva.

Abril

14

Grandiosos ou grandalhões?

No ano de 1588, foi vencida, em poucas horas, a *Armada Invencível*, a frota espanhola que era a maior do mundo.

No ano de 1628, o mais poderoso navio de guerra da Suécia, o *Vasa*, também chamado de *Invencível*, afundou em sua viagem inaugural. Não chegou nem a sair do porto de Estocolmo.

E na noite de hoje do ano de 1912 chocou-se contra um iceberg e foi a pique o navio mais luxuoso e mais seguro, humildemente chamado de *Titanic*. Esse palácio flutuante tinha poucos botes salva-vidas, seu timão era tão pequeno que acabou sendo inútil, seus vigias não usavam binóculos e seus alarmes de perigo não foram ouvidos por ninguém.

Abril

15

As pinturas negras

Em 1828, Francisco de Goya morreu no desterro.
Acossado pela Inquisição, tinha partido para a França.
Em sua agonia, Goya evocou, entre algumas palavras incompreensíveis, sua querida casa dos arredores de Madri, nas margens do rio Manzanares. Lá havia ficado o melhor dele, o mais seu, pintado nas paredes.
Depois da sua morte, essa casa foi vendida e revendida, com pinturas e tudo, até que as obras, desprendidas das paredes, passaram para a tela. Foram oferecidas, em vão, na Exposição Internacional de Paris. Ninguém se interessou em ver, e muito menos em comprar, essas ferozes profecias do século seguinte, onde a dor matava a cor e sem pudor o horror se mostrava em carne viva. Tampouco o Museu do Prado quis comprá-las, até que no começo de 1882 as obras enfim entraram lá, doadas.
As chamadas *pinturas negras* ocupam, agora, uma das salas mais visitadas do museu.
– *Isso, eu pinto para mim* – havia dito Goya.
Ele não sabia que pintava para nós.

Abril

16

O canto profundo

No ano de 1881, Antonio Machado y Álvarez pôs o ponto final em sua antologia de cantos flamencos, novecentas quadras do cantar cigano da Andaluzia:

> *Eram insossas no antigo*
> *todas as ondas do mar,*
> *mas cuspiu minha morena*
> *e se fizeram salgadas.*
>
> *Têm, as que são morenas,*
> *um olhar tão estranho,*
> *que matam em uma hora*
> *mais que a morte em um ano.*
>
> *No dia em que nasceste*
> *caiu um pedaço do céu.*
> *E até que tu morras*
> *o rombo fica lá, ao léu.*

E o livro foi publicado, e recebido com desdém. O *cante jondo,* canto profundo, era digno de desprezo por ser cigano. Mas, por serem ciganas, as quadras trazem dentro de si a música, e em suas palmas e em seus pés.

Abril

17

Caruso cantou e correu

Nesta noite de 1906, o tenor Enrico Caruso cantou a ópera *Carmen* na sala Tívoli, na cidade de San Francisco.

A ovação o acompanhou até as portas do hotel Palace.

Dormiu pouco, o mestre do *bel canto*. Ao amanhecer, um tranco violento o jogou da cama.

O terremoto, o pior de toda a história da Califórnia, matou mais de três mil pessoas e demoliu metade das casas da cidade.

Caruso desandou a correr e não parou até chegar em Roma.

Abril

18

Cuidado com ele

Hoje morreu, em 1955, Albert Einstein.

Até este dia, e durante vinte e dois anos, o FBI, Federal Bureau of Investigation, grampeou seu telefone, leu suas cartas e revirou suas latas de lixo.

Einstein foi espionado porque era espião. Espião de Moscou: era o que dizia sua frondosa ficha policial. E também dizia que ele havia inventado um raio exterminador e um robô capaz de ler a mente humana. E dizia que Einstein *foi membro, colaborador ou filiado a trinta e quatro frentes comunistas entre 1937 e 1954, dirigiu honorariamente três organizações comunistas, e não parece possível que um homem com esses antecedentes possa se transformar num leal cidadão americano.*

Nem a morte o salvou. Continuou sendo espionado. Já não pelo FBI, mas pelos seus colegas, os homens da ciência, que cortaram seu cérebro em duzentos e quarenta pedacinhos e analisaram um por um, à procura da explicação de seu gênio.

Não encontraram nada.

Einstein bem que tinha avisado:

– *A única coisa de anormal que tenho é a minha curiosidade.*

Abril

19

Os filhos das nuvens

Em 1987, o reino do Marrocos terminou a construção do muro que atravessa o deserto do Saara, de norte a sul, em terras que não lhe pertencem.

Esse é o muro mais extenso do mundo, superado apenas pela antiga muralha da China. Ao longo do muro, milhares de soldados marroquinos fecham a passagem dos saaráuis rumo à sua pátria usurpada.

Várias vezes, todas em vão, as Nações Unidas confirmaram o direito de autodeterminação do povo saaráui e apoiaram um plebiscito: que a população do Saara ocidental decida seu destino.

Mas o reino do Marrocos se negou e continua se negando. Essa negativa equivale a uma confissão. Negando o direito ao voto, o Marrocos confessa que roubou um país.

Há quarenta anos, os saaráuis esperam. Estão condenados à pena de angústia perpétua e de perpétua nostalgia. Eles se chamam *filhos das nuvens*, porque perseguem desde sempre a chuva. Também perseguem a justiça, mais esquiva que a água no deserto.

Abril

20

Um papelão inesquecível

Foi a maior expedição militar de toda a história do mar do Caribe. E o maior fiasco.

Os donos de Cuba, despojados, desalojados, proclamavam, de Miami, que morreriam lutando pela devolução, contra a revolução.

O governo norte-americano acreditou neles, e seus serviços de inteligência demonstraram, uma vez mais, que não mereciam esse nome.

No dia 20 de abril de 1961, três dias depois do desembarque na Baía dos Porcos, os heróis, armados até os dentes, apoiados por barcos e aviões, se renderam sem lutar.

Abril

21

O indignado

Aconteceu na Espanha, num povoado de La Rioja, no anoitecer de hoje do ano de 2011, durante a procissão da Semana Santa.

Uma multidão acompanhava, calada, o passar de Jesus Cristo e dos soldados romanos que despejavam chicotadas em cima dele.

E uma voz rompeu o silêncio.

Montado nos ombros de seu pai, Marcos Rabasco gritou para o açoitado:

– *Se defenda! Se defenda!*

Marcos tinha dois anos, quatro meses e vinte e um dias de idade.

Abril

22

Dia da Terra

Certa vez, Einstein disse:
— *Se as abelhas desaparecessem, quantos anos de vida sobrariam para a terra? Quatro, cinco? Sem as abelhas não há polinização, e sem polinização não há plantas, nem animais, nem gente.*
Ele falou isso numa roda de amigos.
Os amigos riram.
Ele, não.
E agora acontece que existem cada vez menos abelhas no mundo.
E hoje, Dia da Terra, vale a pena lembrar que isso não acontece por vontade divina nem maldição diabólica, e sim
    por causa do assassinato dos bosques nativos e da proliferação dos bosques industriais,
    por causa dos cultivos de exportação, que proíbem a diversidade da flora,
    por causa dos venenos que matam as pragas enquanto matam a vida natural,
    por causa dos fertilizantes químicos que fertilizam o dinheiro e esterilizam o solo,
    e por causa das radiações de alguns aparelhos que a publicidade impõe à sociedade de consumo.

Abril

23

A fama é pura lorota

Hoje, Dia do Livro, bem que vale a pena recordar que a história da literatura é um paradoxo incessante.

Qual é o episódio mais popular da Bíblia? Adão e Eva mordendo a maçã. Só que na Bíblia, esse episódio não aparece.

Platão nunca escreveu sua famosa frase:
Só os mortos viram como a guerra termina.
Dom Quixote de la Mancha nunca disse:
Os cães ladram e a caravana passa.
Não foi dita nem escrita por Voltaire a sua frase mais conhecida:
Não estou de acordo com o que dizes, mas defenderei até a morte teu direito de dizer.
Georg Friedrich Hegel nunca escreveu:
Cinzenta é a teoria, e verde a árvore da vida.
Sherlock Holmes jamais disse:
Elementar, meu caro Watson.
Em nenhum de seus livros, nem panfletos, Lênin escreveu:
O fim justifica os meios.
Bertolt Brecht não foi o autor do mais celebrado de seus poemas:
Primeiro levaram os comunistas/ mas não me importei/ porque eu não era comunista...
Jorge Luis Borges não foi o autor do mais difundido de seus poemas:
Se pudesse viver novamente minha vida/ trataria de cometer mais erros...

Abril

24

O perigo de publicar

No ano de 2004, o governo da Guatemala rompeu pelo menos essa vez a tradição de impunidade do poder, e reconheceu oficialmente que Myrna Mack havia sido assassinada por ordem da presidência do país.

Myrna havia cometido uma busca proibida. Apesar das ameaças, havia se metido nas selvas e nas montanhas onde perambulavam, exilados em seu próprio país, os indígenas que tinham sobrevivido às matanças militares. E havia recolhido suas vozes.

Em 1989, num congresso de ciências sociais, um antropólogo dos Estados Unidos havia se queixado da pressão das universidades que obrigavam a produzir continuamente:

– *Em meu país* – disse ele –, *se você não publica, morre.*

E Myrna disse:

– *Em meu país, se você publica, morre.*

Ela publicou.

Foi morta a punhaladas.

Abril

25

Por favor, não me salvem

Nestes dias de 1951, Mohamad Mossadegh foi eleito primeiro-ministro do Irã, por esmagadora maioria de votos.

Mossadegh tinha prometido que devolveria ao Irã o petróleo que havia sido dado de presente ao império britânico, e pôs mãos à obra.

Mas a nacionalização do petróleo podia gerar um caos propício à penetração comunista. E então o presidente Eisenhower ordenou o ataque e os Estados Unidos salvaram o Irã: em 1953, um golpe de Estado mandou Mossadegh para a cadeia, mandou para o cemitério muitos de seus seguidores e outorgou às empresas norte-americanas quarenta por cento do petróleo que Mossadegh havia nacionalizado.

No ano seguinte, muito longe do Irã, o presidente Eisenhower deu outra ordem de ataque e os Estados Unidos salvaram a Guatemala. Um golpe de Estado derrubou o governo de Jacobo Arbenz, democraticamente eleito, porque ele havia expropriado as terras não cultivadas da United Fruit Company e estava gerando um caos propício à penetração comunista.

A Guatemala continua pagando por esse favor.

Abril

26

Aqui não aconteceu nada

Aconteceu em Chernobyl, na Ucrânia, em 1986.

Foi a mais grave catástrofe nuclear padecida pelo mundo até aquele momento, mas os pássaros que fugiram e as minhocas que afundaram debaixo da terra foram os únicos que informaram a tragédia desde o primeiro instante.

O governo soviético baixou ordem de silêncio.

A chuva radioativa invadiu boa parte da Europa e o governo continuava negando ou silenciando.

Um quarto de século depois, em Fukushima, explodiram vários reatores nucleares e o governo japonês também calou ou negou *as versões alarmistas*.

Razão, quem tinha era o veterano jornalista inglês Claude Cockburn, quando aconselhava:

– *Não acreditem em nada até que seja oficialmente desmentido.*

Abril

27

As voltas da vida

O Partido Conservador governava a Nicarágua quando neste dia de 1837 foi reconhecido às mulheres o direito de abortar, se sua vida corresse perigo.

Cento e sessenta anos depois, nesse mesmo país, os legisladores que diziam ser revolucionários sandinistas proibiram o aborto *em qualquer circunstância,* e assim condenaram as mulheres pobres à prisão ou ao cemitério.

Abril

28

Este inseguro mundo

Hoje, Dia da Segurança no Trabalho, vale a pena lembrar muito bem que hoje em dia não há nada mais inseguro que o trabalho. Cada vez são mais e mais os trabalhadores que despertam, cada dia, perguntando:
– *Quantos sobraremos? Quem vai me comprar?*
Muitos perdem o trabalho e muitos perdem, trabalhando, a vida: a cada quinze segundos morre um operário, assassinado por isso que chamam de *acidente de trabalho*.

A falta de segurança pública é o tema preferido dos políticos que desatam a histeria coletiva para ganhar eleições. Perigo, perigo, proclamam: em cada esquina um ladrão ameaça, ou um violador, ou um assassino. Mas esses políticos jamais denunciam que trabalhar é perigoso,

e que é perigoso atravessar a rua, porque a cada vinte e cinco segundos um pedestre morre, assassinado por isso que chamam de *acidente de trânsito*;

e que é perigoso comer, porque quem está a salvo da fome pode sucumbir envenenado por comida química;

e que é perigoso respirar, porque nas cidades o ar puro é, como o silêncio, um artigo de luxo;

e que também é perigoso nascer, porque a cada três segundos morre uma criança que não chegou viva aos cinco anos de idade.

Abril

29

Ela não esquece

Quem conhece e reconhece os atalhos da selva africana?

Quem sabe evitar a perigosa vizinhança dos caçadores de marfim e outras feras inimigas?

Quem reconhece as pegadas próprias e alheias?

Quem guarda a memória de todas e de todos?

Quem emite esses sinais que nós, humanos, não sabemos escutar nem decifrar?

Esses sinais que alarmam ou ajudam ou ameaçam ou saúdam a mais de vinte quilômetros de distância?

É ela, a elefante maior. A mais velha, a mais sábia. A que caminha à cabeça da manada.

Abril

30

As rondas da memória

Nesta tarde do ano de 1977, se reuniram pela primeira vez catorze mães de filhos desaparecidos.

Desde então buscaram juntas, juntas bateram nas portas que não se abriam:
– *Todas por todas* – diziam.
E diziam:
– *Todos são nossos filhos.*

Milhares e milhares de filhos tinham sido devorados pela ditadura militar argentina e mais de quinhentas crianças haviam sido distribuídas como prendas de guerra, e nenhuma palavra era dita pelos jornais, pelas rádios, pelos canais de televisão.

Alguns meses depois da primeira reunião, três daquelas mães, Azucena Villaflor, Esther Ballestrino e Maria Eugenia Ponce também desapareceram, como seus filhos, e como eles foram torturadas e assassinadas.

Mas a caminhada das quintas-feiras, ninguém mais conseguiu parar. Os lenços brancos davam voltas e mais voltas pela Plaza de Mayo e pelo mapa do mundo.

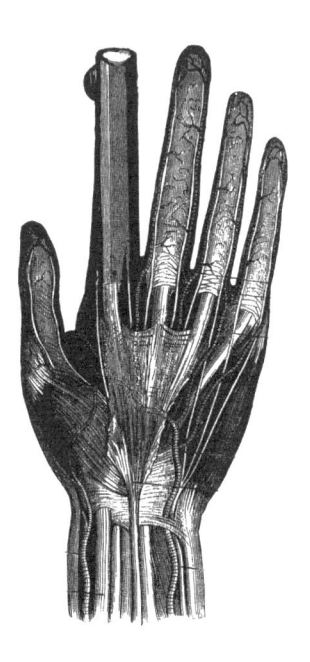

Maio

Maio

1

Dia dos Trabalhadores

Tecnologia do voo compartilhado: o primeiro pato que levanta voo abre passagem para o segundo, que abre caminho para o terceiro, e a energia do terceiro ergue o quarto, que ajuda o quinto, e o impulso do quinto empurra o sexto, que empresta vento ao sétimo...

Quando o pato que está encabeçando a fileira se cansa, desce para o final da fila e deixa seu lugar para outro, que sobe ao vértice desse V que os patos desenham no ar. Todos vão em rodízio, na frente e atrás; e nenhum deles se acha superpato por voar adiante, nem subpato por vir depois.

Maio

2

Operação Jerônimo

Jerônimo havia encabeçado a resistência dos índios apaches no século XIX.

Esse chefe dos invadidos sempre teve má fama, porque sua coragem e sua astúcia fizeram os invasores enlouquecerem durante muitos anos; e, no século seguinte, ele foi o mais malvado dos malvados nos filmes do Velho Oeste.

Seguindo essa tradição, o governo dos Estados Unidos batizou como *Operação Jerônimo* o fuzilamento de Osama bin Laden, crivado de balas e desaparecido no dia de hoje do ano 2011.

Mas o que tinha Jerônimo a ver com Bin Laden, o delirante califa que foi fabricado nos laboratórios militares dos Estados Unidos? Em que Jerônimo se parecia ao assustador profissional que anunciava que ia comer cruas todas as crianças cada vez que um presidente norte-americano precisava justificar uma guerra?

O nome escolhido não era inocente: estava dizendo que haviam sido terroristas os guerreiros indígenas que defenderam sua dignidade e suas terras contra a conquista estrangeira.

Maio

3

A desonra

No final de 1979, as tropas soviéticas invadiram o Afeganistão.

De acordo com a explicação oficial, a invasão queria defender o governo laico que estava tentando modernizar o país.

Fui um dos membros do tribunal internacional que tratou do assunto em Estocolmo, no ano de 1981.

Jamais esquecerei o momento culminante daquelas sessões.

Estava dando seu depoimento um alto chefe religioso, representante dos fundamentalistas islâmicos, que naquela época eram chamados de *freedom fighters*, guerreiros da liberdade, e que agora são *terroristas*.

Aquele ancião trovejou:

– *Os comunistas desonraram nossas filhas! Ensinaram elas a ler e escrever!*

Maio

4

Enquanto a noite durar

Em 1937 morreu, aos vinte e seis anos, Noel Rosa.

Esse músico da noite do Rio de Janeiro, que em vida só conheceu a praia por fotografias, escreveu e cantou sambas nos bares da cidade que os canta até hoje.

Num desses bares um amigo o encontrou, na noturna hora das dez da manhã.

Noel cantarolava uma canção recém-parida.

Na mesa havia duas garrafas. Uma de cerveja e outra de cachaça.

O amigo sabia que a tuberculose estava matando Noel Rosa. Noel adivinhou a preocupação em seu rosto, e sentiu-se obrigado a dar uma lição sobre as propriedades nutritivas da cerveja. Apontando a garrafa, sentenciou:

— *Isso aqui alimenta mais que um prato de boa comida.*

O amigo, não muito convencido, apontou a garrafa de aguardente:

— *E isso aqui?*

E Noel explicou:

— *É que não tem a menor graça comer sem ter uma coisinha para acompanhar.*

Maio

5

Cantando, amaldiçoo

Em 1932, Noel Rosa gravou o samba *Quem dá mais?*, abreviada história de um país que tinha sido posto em leilão:

> *Quanto é que vai ganhar o leiloeiro*
> *que é também brasileiro*
> *e em três lotes vendeu o Brasil inteiro?*

E pouco depois Enrique Santos Discépolo retratou, em seu tango *Cambalache*, o tempo da infâmia na Argentina:

> *Hoje acaba que dá no mesmo*
> *ser direito ou traidor,*
> *ignorante, sábio, ladrão,*
> *generoso, enganador.*
> *Dá-lhe que dá-lhe, dá-lhe que vai...*

Maio

6

Aparições

O desmoronamento de Wall Street havia deixado sem trabalho o jornalista Jonathan Tilove.

Mas no ano de 2009, quando Jonathan estava esvaziando seu escritório em Washington, descobriu a Virgem Maria numa mancha de café em cima da escrivaninha; e essa revelação mudou a sua sorte.

Em plena crise, quando ninguém mais acreditava nos economistas, nem nos políticos, nem nos jornalistas, muita gente havia encontrado a mesma Virgem num sanduíche de queijo, num pé de aspargo ou numa radiografia dos dentes.

Maio

7

Os estraga-prazeres

Em 1954, os rebeldes vietnamitas propiciaram uma tremenda sova aos militares franceses em seu invulnerável quartel de Dien Bien Phu. E depois de um século de conquistas coloniais, a gloriosa França teve de sumir correndo do Vietnã.

Depois, foi a vez dos Estados Unidos. Nem vendo dava para crer: a primeira potência do mundo e de todo o espaço sideral também sofreu a humilhação da derrota nesse país minúsculo, mal-armado, povoado por pouca gente e por gente pobre.

Um camponês, de lento caminhar, de palavras escassas, encabeçou essas duas façanhas.

Ele se chamava Ho Chi Minh, era chamado de *Tio Ho*.

Tio Ho se parecia pouco aos chefes de outras revoluções.

Em certa ocasião, um militante voltou de uma aldeia e informou a ele que não havia maneira de organizar aquela gente.

– *São uns budistas atrasados, que passam o dia inteiro meditando.*

– *Pois volte lá e medite* – mandou Tio Ho.

Maio

8

O demônio da Tasmânia

É famoso no mundo esse monstro diabólico, de bocarra aberta e dentes destroçadores de ossos.

Mas o verdadeiro demônio da Tasmânia não veio do Inferno: foi o império britânico que exterminou a população desta ilha, vizinha da Austrália, com o nobre propósito de civilizá-la.

A última vítima da guerra inglesa de conquista se chamava Truganini. Essa rainha despojada de seu reino morreu no dia de hoje de 1876, e com ela morreram a língua e a memória de seu povo.

Maio

9

Nasceu para encontrá-lo

Howard Carter nasceu na manhã do dia de hoje de 1874, e meio século depois soube para que tinha vindo ao mundo.

Essa revelação ocorreu quando ele encontrou a tumba de Tutancâmon.

Carter descobriu-a de teimoso, depois de anos de muita luta contra o desânimo e os maus augúrios dos egiptólogos especialistas.

No dia da grande descoberta, sentou-se ao pé daquele faraó de vida fugaz, daquele rapaz cercado de mil maravilhas, e passou horas em silêncio.

E regressou muitas vezes.

Numa dessas vezes, viu o que antes não tinha visto: havia algumas sementes caídas no chão.

As sementes estavam há três mil e duzentos anos esperando a mão que as plantasse.

Maio

10

O imperdoável

O poeta Roque Dalton era sacaneador e respondão. Jamais aprendeu a se calar nem a obedecer e exercia um desafiante senso de humor e de amor.

Na noite de hoje do ano de 1975 seus companheiros da guerrilha de El Salvador o mataram com um tiro enquanto ele dormia.

Criminosos: os militantes que matam para castigar a divergência são tão criminosos quanto os militares que matam para perpetuar a injustiça.

Maio

11

O faz-tudo

Eugène François Vidocq morreu em Paris, em 1857. Desde que havia assaltado, aos catorze anos, a padaria de seu pai, Eugène foi ladrão, saltimbanco, espadachim, soldado desertor, contrabandista, mestre-escola louco pelas menininhas, ídolo dos bordéis, empresário, delator, espião, criminologista, especialista em balística, diretor da Sûreté Générale, a polícia francesa de investigações, e fundador da primeira agência de detetives privados.

Vinte vezes se bateu em duelo e fugiu de cinco prisões, transformado em freira ou mutilado de guerra. Foi um mago do disfarce, delinquente disfarçado de polícia, polícia disfarçado de delinquente, e foi amigo de seus inimigos e inimigo de seus amigos.

Sherlock Holmes e outros famosos detetives da literatura europeia devem boa parte de suas habilidades aos truques que Vidocq aprendeu praticando o crime e que depois aplicou para combatê-lo.

Maio

12

Os sismógrafos vivos

No ano de 2008, um terremoto feroz sacudiu a China.

Fazia dezenove séculos que o sismógrafo tinha sido inventado na China, mas nenhum sismógrafo avisou o que ia acontecer.

Quem avisou foram os animais. Os cientistas não prestaram a menor atenção a eles. Dias antes da catástrofe, multidões de sapos enlouquecidos desandaram a correr rumo a lugar nenhum, e a toda velocidade atravessaram as ruas de Miauzhu e de outras cidades, enquanto no zoológico de Wuhan os elefantes e as zebras atacavam as barras das jaulas e os tigres rugiam e os pavões gritavam.

Maio

13

Para que você cante, para que você veja

Para ver os mundos do mundo, mude seus olhos.
Para que os pássaros escutem o seu canto, mude a sua garganta.

Isso dizem, isso sabem, os antigos sábios nascidos nas fontes do rio Orinoco.

Maio

14

A dívida alheia

No dia de hoje de 1948 nasceu o Estado de Israel.

Poucos meses depois, já havia mais de oitocentos mil palestinos expulsos, e mais de quinhentas aldeias demolidas.

Essas aldeias, onde cresciam as oliveiras, as figueiras, as amendoeiras e as árvores frutíferas, jazem sepultadas debaixo de autoestradas, centros comerciais e parques de diversões. São mortas sem nome. O Comitê de Nomes das novas autoridades rebatizou o mapa.

O que resta é pouca Palestina. A implacável devoração do mapa invoca títulos de propriedade, generosamente outorgados pela Bíblia, e se justifica pelos dois mil anos de perseguição que o povo judeu sofreu.

A caça aos judeus foi, sempre, um costume europeu; mas os palestinos pagam essa conta, que não é deles.

Maio

15

Que amanhã não seja outro nome de hoje

No ano de 2011, milhares de jovens, despojados de suas casas e de seus empregos, ocuparam as praças e as ruas de várias cidades da Espanha.

E a indignação se disseminou. A boa saúde acabou sendo mais contagiosa que as pestes, e as vozes dos *indignados* atravessaram as fronteiras desenhadas nos mapas. Assim ecoaram pelo mundo:

Disseram para a gente "já pra rua", e aqui estamos.
Apague a televisão e ligue a rua.
Chamam de crise, mas é roubo.
Não falta dinheiro: sobram ladrões.
O mercado governa. Eu não votei nele.
Eles decidem pela gente, sem a gente.
Aluga-se escravo econômico.
Estou procurando meus direitos. Alguém viu por aí?
Se não deixam a gente sonhar, não vamos deixá-los dormir.

Maio

16

Para o manicômio, já!

Os meros e outros peixes,
os delfins,
os cisnes, os flamingos, os albatrozes,
os pinguins,
as avestruzes,
os ursos coalas,
os orangotangos e outros macacos,
as mariposas e outros insetos
e muitos outros parentes nossos do reino animal têm relações homossexuais, fêmea com fêmea, macho com macho, por um tempinho ou para sempre.

Ainda bem que não são pessoas: se salvaram do manicômio.

Até o dia de hoje do ano de 1990, a homossexualidade fazia parte da lista de doenças mentais da Organização Mundial da Saúde.

Maio

17

A moradia humana

O século XXI já está caminhando no tempo há alguns anos, e a soma dos sem-casa chega a um bilhão.

Procurando solução para esse problema, os especialistas estão estudando o exemplo cristão de são Simeão, que viveu trinta e sete anos domiciliado numa coluna.

Pelas manhãs, são Simeão descia, para rezar suas rezas, e pelas noites se amarrava no alto da coluna, para não cair enquanto dormia.

Maio

18

A viagem da memória

Em 1781, Tupac Amaru foi esquartejado, a golpes de machado, no centro da Plaza de Armas de Cuzco.

Dois séculos depois, um menino descalço lustrava sapatos naquele exato lugar, quando um turista perguntou se ele conhecia Tupac Amaru. E o pequeno engraxate, sem erguer a cabeça, disse que conhecia. Quase em segredo, enquanto fazia seu trabalho, murmurou:

– *É o vento.*

Maio

19

O profeta Mark

Mark Twain havia anunciado:
– *Eu cheguei com o cometa Halley, em 1835. O cometa voltará em 1910, e eu espero ir embora com ele. Sem dúvida, o Todo-Poderoso disse: "Eis aqui duas anormalidades inexplicáveis. Chegaram juntas, juntas haverão de ir".*

O cometa visitou a Terra num desses dias de 1910. Twain, impaciente, tinha ido embora um mês antes.

Maio

20

Um raro ato de lucidez

Em 1998, a França baixou uma lei que reduziu a trinta e cinco horas semanais a jornada de trabalho.

Trabalhar menos, viver mais: Tomás Morus tinha sonhado isso, em sua *Utopia*, mas foi preciso esperar cinco séculos para que enfim uma nação se atrevesse a cometer tamanho ato de bom-senso.

Afinal das contas, para que servem as máquinas, se não for para reduzir o tempo de trabalho e ampliar nossos espaços de liberdade? Por que o progresso tecnológico precisa nos dar desemprego e angústia?

Por uma vez, ao menos, houve um país que se atreveu a desafiar tanto absurdo.

Durou pouco, a lucidez. A lei das trinta e cinco horas morreu dez anos depois.

Maio

21

Dia da Diversidade Cultural

Em 1906, um pigmeu caçado na selva do Congo chegou ao zoológico do Bronx, em Nova York.

Foi chamado de Ota Benga, e foi exibido ao público, numa jaula, junto com um orangotango e quatro chimpanzés. Os especialistas explicavam ao público que aquele humanoide podia ser o elo perdido, e para confirmar essa suspeita o mostravam brincando com seus irmãos peludos.

Algum tempo depois, o pigmeu foi resgatado pela caridade cristã.

Fez-se o que foi possível, mas não teve jeito. Ota Benga se negava a ser salvo. Não falava, quebrava os pratos na mesa, batia em quem quisesse tocar nele, era incapaz de fazer qualquer trabalho, ficava mudo no coro da igreja e mordia quem queria se fotografar com ele.

No final do inverno de 1916, depois de dez anos de domesticação, Ota Benga sentou-se na frente do fogo, se despiu, queimou a roupa que era obrigado a vestir e apontou para o coração a pistola que havia roubado.

Maio

22

Tintim entre os selvagens

Hoje nasceu, em 1907, o desenhista belga Hergé, o pai de Tintim.

Tintim, herói de história em quadrinhos, encarnou as virtudes civilizadoras da raça branca.

Em sua aventura de maior sucesso, Tintim visitou o Congo, que ainda era propriedade da Bélgica, e riu muito dos arbustos dos negros e se distraiu caçando.

Fuzilou quinze antílopes, escalpelou um macaco para se disfarçar com sua pele, fez um rinoceronte explodir com um cartucho de dinamite e disparou na boca aberta de muitos crocodilos.

Tintim dizia que os elefantes falavam francês muito melhor que os negros. Para levar um *souvenir*, matou um e arrancou suas presas de marfim.

A viagem foi muito divertida.

Maio

23

A fabricação do poder

Em 1937 morreu John D. Rockefeller, dono do mundo, rei do petróleo, fundador da Standard Oil Company.

Tinha vivido quase um século.

Na autópsia, não foi encontrado nenhum sinal de escrúpulo.

Maio

24

Os hereges e o santo

Neste dia do ano de 1543, morreu Nicolau Copérnico.

Morreu enquanto entravam em circulação os primeiros exemplares de seu livro que demonstrou que o mundo gira ao redor do Sol.

A Igreja proibiu o livro, *por ser falso e contrário às Sagradas Escrituras*, mandou para a fogueira o sacerdote Giordano Bruno, por divulgá-lo, e obrigou Galileu Galilei a negar que tivesse lido e acreditado no que leu.

Três séculos e meio mais tarde, o Vaticano se arrependeu de ter assado Giordano Bruno e anunciou que ia erguer, em seus jardins, uma estátua de Galileu Galilei.

A embaixada de Deus na Terra precisa de um bom tempo para fazer justiça.

Mas ao mesmo tempo em que perdoava esses hereges, o Vaticano transformou em santo o cardeal da Inquisição, Roberto Bellarmino, são Roberto que estais nos céus, que havia acusado e sentenciado Bruno e Galileu.

Maio

25

Heresias

No ano de 325, na cidade de Niceia, foi celebrado o primeiro concílio ecumênico da cristandade, convocado pelo imperador Constantino.

Durante os três meses que o concílio durou, trezentos bispos aprovaram alguns dogmas necessários na luta contra as heresias, e decidiram que a palavra *heresia*, do grego *hairesis*, que significava *escolha*, passava a significar *erro*.

Ou seja: comete erro quem escolhe livremente e desobedece os donos da fé.

Maio

26

Sherlock Holmes morreu duas vezes

A primeira morte de Sherlock Holmes ocorreu em 1891. Foi morto pelo pai: o escritor Arthur Conan Doyle não suportou mais que sua pedante criatura fosse mais famosa que ele, e lá do alto dos Alpes atirou Sherlock no abismo.

A notícia foi conhecida pouco depois, quando saiu publicada na revista *Strand*. Então o mundo inteiro se vestiu de luto, a revista perdeu seus leitores e o escritor perdeu seus amigos.

Não tardou muito a ressurreição do mais famoso dos detetives.

Conan Doyle não teve outro remédio a não ser devolvê-lo à vida.

Da segunda morte de Sherlock, nada se sabe. Em sua casa da Baker Street, ninguém atende ao telefone. Com certeza sua hora deve ter chegado, já que todos haveremos de morrer, embora chame a atenção que a notícia nunca tenha saído publicada nos necrológios do *Times*.

Maio

27

Querido vagabundo

Em 1963, Fernando morreu.

Era um livre. Era de todos, e não era de ninguém.

Quando se cansava de fazer os gatos correrem pelas praças, saía para flanar pelas ruas com seus amigos cantores e violeiros, e com eles balançava rumo à música, tocasse onde tocasse, de festa em festa.

Nos concertos, era infaltável. Crítico de fino ouvido, sacudia o rabo se gostava do que ouvia. Se não, rosnava.

Quando foi pego pela carrocinha, uma rebelião o libertou. Quando foi atropelado por um carro, o melhor médico o atendeu, e internou-o em seu consultório.

Seus pecados carnais, cometidos em plena via pública, costumavam ser castigados com pontapés que o deixavam arrebentado, e então as brigadas infantis do clube Progresso se desdobravam em cuidados intensivos.

Em sua cidade, Resistência, no Chaco argentino, existem três estátuas de Fernando.

Maio

28

Oswiecim

No dia de hoje do ano de 2006, o papa Bento, sumo pontífice da Igreja católica, passeou entre os jardins da cidade que se chama, em língua polonesa, Oswiecim.

A certa altura do passeio, a paisagem mudou.

Em língua alemã, a cidade de Oswiecim se chama Auschwitz.

E em Auschwitz, o papa falou. Na fábrica de morte mais famosa do mundo, perguntou:

– *E Deus, onde estava?*

E ninguém informou a ele que Deus nunca havia mudado de endereço.

E perguntou:

– *Por que Deus ficou calado?*

E ninguém explicou que quem havia se calado era a Igreja, a sua Igreja, que falava em nome de Deus.

Maio

29

Vampiros

No verão de 1725, Petar Blagojevic se levantou de seu ataúde, na aldeia de Kisiljevo, mordeu seus nove vizinhos e bebeu seu sangue. Por ordem do governo da Áustria, que naquela época mandava naquelas bandas, as forças da ordem o mataram definitivamente cravando uma estaca em seu coração.

Petar foi o primeiro vampiro oficialmente reconhecido, e o menos célebre.

O mais exitoso, o conde Drácula, nasceu da pluma de Bram Stoker, em 1897.

Mais de um século depois, Drácula se aposentou. Não estava nem um pouco preocupado com a competição dos vampirinhos e vampirinhas bregas que Hollywood estava fabricando; outras façanhas insuperáveis o angustiavam.

Não teve outra saída a não ser se retirar. Sentia um incurável complexo de inferioridade diante dos poderosos glutões que fundam e afundam bancos, e que chupam o sangue do mundo como se o mundo fosse um pescoço.

Maio

30

Da fogueira ao altar

Neste dia de 1431 uma jovem de dezenove anos foi queimada viva no velho mercado de Rouen.

Ela subiu ao cadafalso com um enorme gorro, onde estava escrito:

Herética,
Reincidente,
Apóstata,
Idólatra.

Depois de queimada, foi atirada no rio Sena, do alto de uma ponte, para que as águas a levassem longe.

Ela havia sido condenada pela Igreja católica e pelo Reino da França.

Se chamava Joana d'Arc.

Ouviram falar?

Maio

31

A incombustível

A Signora Girardelli, fazedora de prodígios, deixou o público europeu vesgo, lá pelo ano de 1820.

Ela acariciava seus braços com velas acesas, dançava descalça sobre a fogueira e a revolvia com suas mãos, sentava-se sobre ferros que fumegavam em brasa, banhava-se nas chamas, fazia gargarejos de azeite fervente, engolia fogo, mascava brasas e as cuspia transformadas em libras esterlinas... E após tão ardentes exibições, mostrava seu corpo invicto, sua pele cor de neve, e recebia ovações.

– *É tudo truque* – diziam os críticos de tudo e de sempre.

Ela não dizia nada.

Junho

Junho

1

Santos varões

No ano de 2006, o Partido da Caridade, da Liberdade e da Diversidade tentou o registro legal na Holanda.

Esse novo agrupamento político disse representar *os homens que assumiram sua sexualidade e sua vida erótica em relações livres com meninos e meninas*.

A plataforma do partido exigia a legalização da pornografia infantil e de todas as formas de relação sexual com menores de idade.

Oito anos antes, esses ativistas da caridade, da liberdade e da diversidade haviam criado, na internet, o Dia Mundial de Amor à Criança.

O partido não reuniu o número exigido de assinaturas, não pôde participar de nenhuma eleição e no ano de 2010 se suicidou.

Junho

2

Os índios são pessoas

Em 1537, o papa Paulo III ditou sua bula *Sublimis Deus*.

A bula entrou em choque contra *aqueles que, desejando saciar sua cobiça, se atrevem a afirmar que os índios devem ser dirigidos à nossa obediência, como se fossem animais, com o pretexto de que ignoram a fé católica*.

E em defesa dos aborígenes do Novo Mundo, estabeleceu que eles são *verdadeiros homens, e como verdadeiros homens que são podem usar, possuir e gozar livre e licitamente de sua liberdade e do domínio de suas propriedades e não devem ser reduzidos à servidão*.

Na América, ninguém tomou conhecimento.

Junho

3

A vingança de Atahualpa

A aldeia de Tambogrande dormia em leito de ouro. Havia ouro debaixo das casas, e ninguém sabia.

A boa-nova chegou junto com a ordem de despejo. O governo peruano tinha vendido a aldeia inteira para a empresa Manhattan Minerals Corporation.

Agora, vocês todos serão milionários, disseram a eles. Mas ninguém obedeceu. No ano de 2002, num plebiscito do qual ninguém podia duvidar, os habitantes de Tambogrande decidiram continuar vivendo dos abacates, das mangas, das limas e das outras frutas da terra que tanto trabalho tinha dado conquistar do deserto.

Eles sabem muito bem que o ouro enlouquece as pessoas e amaldiçoa os lugares onde aparece, e que não são água-benta os resíduos que as mineradoras jogam nos rios.

E talvez também saibam que a fome de ouro cresce enquanto se come ouro.

Em 1533, o conquistador Francisco Pizarro mandou estrangular Atahualpa, rei do Peru, embora Atahualpa já tivesse entregado todo ouro que ele exigia.

Junho

4

Memória do futuro

Pelo que aprendemos na escola, a descoberta do Chile aconteceu em 1536.

A notícia não impressionou os Mapuches nem um pouco, já que eles tinham descoberto o Chile treze mil anos antes.

Em 1563, eles cercaram o principal forte dos conquistadores espanhóis.

O forte estava a ponto de sucumbir, arrasado pela fúria de milhares de índios, quando o capitão Lorenzo Bernal ergueu-se sobre a paliçada e gritou:

– *No fim, nós ganharemos! Caso faltem mulheres espanholas, aí estão as vossas. E com elas teremos filhos, que serão vossos amos.*

O intérprete traduziu. Colo-Colo, o chefe índio, escutou como quem ouve chover.

Ele não conseguiu entender a triste profecia.

Junho

5

A natureza não é muda

A realidade pinta naturezas-mortas.

As catástrofes são chamadas de naturais, como se a natureza fosse o verdugo e não a vítima, enquanto o clima fica louco de pedra e nós também.

Hoje é o Dia do Meio Ambiente. Um bom dia para celebrar a nova Constituição do Equador, que no ano de 2008, pela primeira vez na história do mundo, reconheceu a natureza como sujeito de direito.

Parece estranho que a natureza tenha direitos, como se fosse pessoa. E ao mesmo tempo parece a coisa mais normal que as grandes empresas dos Estados Unidos tenham direitos humanos. E têm, por decisão da Suprema Corte de Justiça, desde 1886.

Se a natureza fosse um banco, já teria sido salva.

Junho

6

As montanhas que foram

Nos últimos séculos foram decapitadas quatrocentas e setenta montanhas da cordilheira norte-americana de Apalaches, batizada assim em homenagem aos nativos da região.

Os indígenas foram despojados porque habitavam terras férteis.

As montanhas foram esvaziadas porque continham carvão.

Junho

7

O rei poeta

Nezahualcóyotl morreu vinte anos antes que Colombo pisasse nas praias da América.

Foi rei de Texcoco, no vasto vale do México.

Lá, deixou sua voz:

> *Rompe-se, embora seja ouro,*
> *quebra-se, embora seja jade,*
> *solta-se, embora seja plumagem de quetzal.*
> *Aqui, ninguém viverá para sempre.*
> *Também os príncipes vieram morrer.*
> *Todos teremos que ir à região do mistério.*
> *Será que estamos na Terra em vão?*
> *Deixemos, ao menos, o nosso cantar.*

Junho

8

Sacrílego

No ano de 1504, Michelangelo estreou sua obra prima: o David ergueu-se na praça principal da cidade de Florença.

Insultos e pedradas deram as más-vindas ao gigante completamente nu.

Michelangelo foi obrigado a cobrir a indecência com uma folha de parreira, talhada em cobre.

Junho

9

Sacrílegas

No ano de 1901, Elisa Sánchez e Marcela Gracia contraíram matrimônio na igreja de São Jorge, na cidade galega de A Corunha.

Elisa e Marcela se amavam às escondidas. Para normalizar a situação, com boda, sacerdote, certidão e foto, foi preciso inventar um marido: Elisa se transformou em Mario, vestiu roupa de cavalheiro, cortou os cabelos e falou com outra voz.

Depois, quando ficaram sabendo, os jornais da Espanha inteira puseram a boca no mundo diante daquele *escândalo asquerosíssimo, essa imoralidade desavergonhada*, e aproveitaram aquela tão lamentável ocasião para vender como nunca, enquanto a Igreja, enganada em sua boa-fé, denunciava para a polícia o sacrilégio cometido.

E desatou-se a caçada.

Elisa e Marcela fugiram para Portugal.

Caíram presas na cidade do Porto.

Quando escaparam da cadeia, trocaram de nomes e foram mar afora.

Na cidade de Buenos Aires perdeu-se a pista das fugitivas.

Junho

10

Um século depois

Nestes dias do ano de 2010, foi aberto em Buenos Aires o debate sobre o projeto de legalização do matrimônio homossexual.

Seus inimigos lançaram *a guerra de Deus contra as bodas do Inferno*, mas o projeto foi vencendo obstáculos, ao longo de um caminho espinhoso, até que no dia 15 de julho a Argentina se transformou no primeiro país latino-americano a reconhecer a plena igualdade de todas e de todos no arco-íris da diversidade sexual.

Foi uma derrota da hipocrisia dominante, que convida a viver obedecendo e a morrer mentindo, e foi uma derrota da Santa Inquisição, que muda de nome mas sempre tem lenha para a fogueira.

Junho

11

O homem que vendeu a torre Eiffel

O conde Viktor Lustig, profeta dos gênios de Wall Street, se chamou a si mesmo com vários nomes e vários títulos de nobreza, residiu em várias prisões de vários países, e em várias línguas soube mentir com toda sinceridade.

Neste meio-dia do ano de 1925, o conde estava lendo o jornal no hotel Crillon, em Paris, quando teve uma dessas boas ideias que permitiam que ele matasse a fome quando se cansava do pôquer.

E vendeu a torre Eiffel.

Imprimiu papéis e envelopes com o emblema da prefeitura de Paris, e com a cumplicidade de algum engenheiro amigo inventou relatórios técnicos que demonstravam que a torre estava caindo, por irreparáveis erros de construção.

O conde visitou os possíveis candidatos, um por um, e os convidou a comprar, por uma pechincha, milhares e milhares de toneladas de ferro. O assunto era secreto. Por se tratar do mais notório símbolo da nação francesa, era preciso evitar a qualquer custo o escândalo político. As vendas se realizaram em silêncio e com urgência, porque o desmoronamento da torre não ia demorar.

Junho

12

A explicação do mistério

No dia de hoje do ano de 2010, a guerra contra o Afeganistão confessou sua razão: o Pentágono revelou que naquele país há jazidas que valem mais de um trilhão de dólares.

Não são jazidas de talibãs.

São jazidas de ouro, cobalto, cobre, ferro e sobretudo lítio, imprescindível nos telefones celulares e nos computadores portáteis.

Junho

13

Efeitos colaterais

No ano de 2010 também ficou-se sabendo que são cada vez mais os soldados norte-americanos que se suicidam.

Para resolver esse problema, o Pentágono resolveu multiplicar seus especialistas em saúde mental, que integram o setor mais promissor das forças armadas.

O mundo está se transformando num imenso quartel, e o imenso quartel está se transformando num manicômio do tamanho do mundo. Nesse manicômio, quem são os loucos? Os soldados que se matam ou as guerras que os mandam matar?

Junho

14

A bandeira como disfarce

No dia de hoje de 1982, a ditadura argentina perdeu a guerra. Mansamente se renderam, sem que tivessem sofrido nem um cortezinho na hora de se barbear, os generais que tinham jurado dar a vida pela recuperação das ilhas Malvinas, usurpadas pelo império britânico.

Divisão militar do trabalho: esses heroicos violentadores de mulheres amarradas, esses valentes torturadores e ladrões de bebês e de tudo que conseguissem roubar, tinham se encarregado das arengas patrioteiras, enquanto mandavam para o matadouro os jovens recrutas das províncias mais pobres, que naquelas remotas ilhas do sul morreram de bala ou de frio.

Junho

15

Uma mulher conta

Vários generais argentinos foram levados a julgamento por causa das façanhas que cometeram nos tempos da ditadura militar.

Silvina Parodi, uma estudante acusada de atividades subversivas por viver protestando e criando caso, foi uma das muitas prisioneiras desaparecidas para sempre.

Cecília, sua melhor amiga, prestou depoimento, diante do tribunal, no ano de 2008. Contou os suplícios que havia sofrido no quartel, e disse que tinha sido ela quem entregou o nome de Silvina, quando não conseguiu mais aguentar as torturas de cada dia e de cada noite:

– *Fui eu. Eu levei os verdugos até a casa onde Silvina estava. Eu vi quando ela saiu, aos empurrões, às coronhadas, aos pontapés. Eu escutei ela gritar.*

Na saída do tribunal, alguém se aproximou e perguntou a Cecília, em voz baixa:

– *E depois disso tudo, como é que você faz para continuar vivendo?*

E ela respondeu, em voz mais baixa ainda:

– *E quem é que disse que eu estou viva?*

Junho

16

Eu quero dizer uma coisa

Oscar Liñeira foi outro dos milhares de garotos desaparecidos na Argentina. Em linguagem militar, foi *transferido*.

Piero Di Monte, preso no mesmo quartel, ouviu suas últimas palavras:

– *Eu quero dizer uma coisa. Sabe o que é? É que eu nunca fiz amor. E agora vão me matar sem que eu tenha sabido como é.*

Junho

17

Tomasa não pagou

Em 1782, a justiça da cidade de Quito condenou Tomasa Surita a pagar os impostos correspondentes a uns tecidos que ela havia comprado em Guayaquil.

Só os homens tinham autorização legal para comprar ou vender.

– *Cobrem do meu marido* – disse Tomasa. – *A lei nos considera idiotas. E se nós, mulheres, somos idiotas para cobrar, também somos idiotas para pagar.*

Junho

18

Susan também não pagou

Os Estados Unidos da América vs. Susan Anthony, Distrito Norte de Nova York, 18 de junho de 1873.

Promotor distrital Richard Crowley: *No dia 5 de novembro de 1872, Susan B. Anthony votou num representante no Congresso dos Estados Unidos da América. Naquele momento era ela mulher, e suponho que não haverá dúvidas em relação a isso. Ela não tinha direito de voto. É culpada de violar a lei.*

Juiz Ward Hunt: *A prisioneira foi julgada de acordo com o estabelecido na lei.*

Susan Anthony: *Sim, Senhoria, mas são leis feitas pelos homens, interpretadas pelos homens e administradas pelos homens a favor dos homens e contra as mulheres.*

Juiz Ward Hunt: *Que a prisioneira fique de pé. A sentença desta Corte manda que ela pague uma multa de cem dólares mais as custas do processo.*

Susan Anthony: *Não pago nem um tostão.*

Junho

19

Alarme: bicicletas!

— *A bicicleta fez mais do que qualquer coisa e do que qualquer um pela emancipação das mulheres no mundo* — dizia Susan Anthony.

E dizia sua companheira de luta, Elizabeth Stanton:
— *Pedalando, nós, mulheres, viajamos rumo ao direito ao voto.*

Alguns médicos, como Philippe Tissié, advertiam que a bicicleta podia provocar aborto e esterilidade, e outros colegas asseguravam que esse instrumento indecente induzia à depravação, porque dava prazer às mulheres que esfregavam suas partes íntimas contra o assento.

A verdade é que por culpa da bicicleta as mulheres se moviam por conta própria, desertavam do lar e desfrutavam o perigoso gostinho da liberdade. E por culpa da bicicleta o opressivo espartilho, que impedia de pedalar, saía do armário e ia para o museu.

Junho

20

Este inconveniente

Sua voz de soprano, capaz de dar cor a cada sílaba, havia despertado ovações no Rio de Janeiro.

Pouco depois, no final do século XVIII, Joaquina Lapinha foi a primeira cantora brasileira a conquistar a Europa.

Carl Ruders, um viajante sueco apreciador de óperas, escutou-a no ano de 1800, num teatro de Lisboa, e elogiou, entusiasmado, *sua boa voz, sua figura imponente e seu grande sentimento dramático.*

Lamentavelmente, Joaquina tem a pele escura, avisou Ruders, *mas este inconveniente pode ser remediado com cosméticos.*

Junho

21

Todos somos você

No ano de 2001, acabou sendo surpreendente o jogo de futebol entre os times de Treviso e de Gênova.

Um jogador do Treviso, Akeem Omolade, africano da Nigéria, ouvia frequentes vaias e rugidos debochados e cançõezinhas racistas nos estádios italianos.

Mas no dia de hoje, houve silêncio. Os outros dez jogadores do Treviso jogaram com as caras pintadas de negro.

Junho

22

A cintura do mundo

No ano de 234 a.C., um sábio chamado Eratóstenes cravou uma vara, ao meio-dia, na cidade de Alexandria, e mediu a sua sombra.

Um ano depois, exatamente na mesma hora do mesmo dia, cravou a mesma vara na cidade de Assuam, e comprovou que não havia sombra alguma.

Eratóstenes deduziu que a diferença entre uma sombra e sombra alguma confirmava que o mundo era uma esfera e não um prato. Então fez medir a distância entre as duas cidades, a passo de homem, e a partir dessa informação tentou calcular quanto media a cintura do mundo.

Errou por noventa quilômetros.

Junho

23

Fogos

À meia-noite de hoje, ardem os fogos.

A multidão se reúne ao redor das altas fogueiras.

Nesta noite, limpam-se as casas e as almas. São jogados no fogo os trastes velhos e os velhos desejos, coisas e sentires gastos pelo tempo, para que o novo nasça e encontre lugar.

Do norte do mundo, esse costume se difundiu por todo lado. Sempre foi uma festa pagã. Sempre, até que a Igreja católica decidiu que essa seria a noite de são João.

Junho

24

O Sol

Hoje, desde que amanheceu, é celebrada a Festa do Sol, o Inti Raymi, nos cerrados e nas montanhas dos Andes.

No começo dos tempos, a terra e o céu estavam na escuridão. Só havia noite.

Quando a primeira mulher e o primeiro homem emergiram das águas do lago Titicaca, nasceu o Sol.

O Sol foi inventado por Viracocha, o deus dos deuses, para que a mulher e o homem pudessem se ver.

Junho

25

A Lua

O poeta chinês Li Po morreu no ano de 762, numa noite como esta.

Morreu afogado.

Caiu da barca quando resolveu abraçar a Lua, refletida nas águas do rio Yangtzê.

Li Po já tinha procurado a Lua em outras noites:

> *Bebo sozinho.*
> *Nenhum amigo está por perto.*
> *Alço minha taça,*
> *convido a Lua*
> *e minha sombra.*
> *Agora somos três.*
> *Mas a Lua não sabe beber*
> *e minha sombra só sabe me imitar.*

Junho

26

O reino do medo

Hoje é o Dia contra a Tortura.

Por trágica ironia, a ditadura militar do Uruguai nasceu no dia seguinte, em 1973, e transformou o país inteiro numa grande câmara de torturas.

Os suplícios serviam pouco ou nada para arrancar informação, mas eram muito úteis para semear o medo, e o medo obrigou os uruguaios a viver calando ou mentindo.

No exílio, recebi uma carta anônima:

> *É foda mentir, e é foda se acostumar a mentir.*
> *Mas pior que mentir é ensinar a mentir.*
> *Eu tenho três filhos.*

Junho

27

Somos todos culpados

O *Directorium Inquisitorium*, publicado pela Santa Inquisição no século XIV, difundiu as regras do suplício, e a mais importante ordenava:

Será torturado o acusado que vacile em suas respostas.

Junho

28

O Inferno

Lá pelo ano de 960, os missionários cristãos invadiram a Escandinávia e ameaçaram os vikings: se insistissem em seus costumes pagãos, iriam parar no Inferno, onde ardia o fogo eterno.

Os vikings agradeceram a boa notícia. Eles tremiam de frio, não de medo.

Junho

29

O Logo Aqui

Dizem que dizem que hoje é Dia de São Pedro, e dizem que ele tem as chaves do Céu.
Vai saber.
Fontes bem informadas asseguram que o Céu e o Inferno não passam de dois nomes deste nosso mundo, que todos nós os levamos conosco.

Junho

30

Nasceu uma incomodadora

Hoje foi batizada, em 1819, em Buenos Aires, Juana Manso.

As águas sagradas a iniciaram no caminho da mansidão, mas Juana Manso nunca foi mansa.

Contra ventos e marés, ela fundou, na Argentina e no Uruguai, escolas laicas e mistas, onde se misturavam meninas e meninos, e o ensino da religião não era obrigatório, e o castigo físico era proibido.

Escreveu o primeiro texto escolar da história argentina e várias obras mais. Entre elas, um romance que batia duro na hipocrisia conjugal.

Fundou a primeira biblioteca popular do interior do país.

E se divorciou quando o divórcio não existia.

Os jornais de Buenos Aires se deleitavam insultando-a.

Quando morreu, a Igreja negou-lhe sepultura.

Julho

Julho

1

Um terrorista a menos

No ano de 2008, o governo dos Estados Unidos decidiu tirar Nelson Mandela da lista dos terroristas perigosos.

Durante sessenta anos, o africano mais prestigiado do mundo tinha feito parte desse tenebroso catálogo.

Julho

2

Pré-história olímpica

Um aplaudido *desfile antropológico* abriu os jogos olímpicos de 1904, na cidade norte-americana de Saint Louis.

Desfilaram os negros, os indígenas, os chineses, os anões e as mulheres.

Nenhum deles pôde participar das competições atléticas, que começaram no dia seguinte e duraram cinco meses.

Fred Lorz, branco e macho, ganhou a maratona, que era a competição mais popular. Pouco depois, soube-se que ele tinha corrido a metade do circuito no automóvel de um amigo.

Esta foi a última armadilha olímpica alheia à indústria química.

A partir de então, o mundo esportivo se modernizou.

Os atletas já não competem sozinhos. Com eles competem também as farmácias que eles contêm.

Julho

3

A pedra no buraco

Haviam se passado três meses desde que o rei James II tinha proibido o golfe, em 1457, e nenhum escocês dava confiança a essa proibição.

Em vão, o monarca repetiu a ordem: era necessário que os jovens dedicassem suas melhores energias à arte do arco e flecha, imprescindível na defesa nacional, em vez de perder tempo golpeando bolinhas.

Mas o golfe havia nascido nos verdes prados da Escócia, lá pelo ano 1000, quando os pastores matavam o aborrecimento embocando pedras nas tocas dos coelhos; e essa tradição continuava sendo invencível.

Na Escócia ficam os dois campos de golfe mais antigos do mundo. São de propriedade pública e de entrada gratuita. Coisa rara no mundo: pela regra geral, esse esporte, privatizado, pertence aos poucos que comem o espaço de todos e bebem a nossa água.

Julho

4

O Cruzeiro do Sul

Nesta noite de 1799, Alexander von Humboldt e Aimé Bonpland descobriram o Cruzeiro do Sul.

Eles vinham navegando, através do mar imenso, quando foram saudados por essas estrelas que nunca tinham visto.

O Cruzeiro do Sul estava anunciando o caminho da América.

Humboldt e Bonpland não vinham para conquistar. Vinham para dar. E muito nos deram, esses cientistas aventureiros, que nos ajudaram a nos conhecer e a nos reconhecer.

Anos depois, ao fim da viagem pelos profundos da terra americana, Humboldt voltou para a Europa.

Aimé, dom Amado, preferiu ficar nesta terra que já era dele.

Até o fim de seus dias, dom Amado coletou e classificou milhares de plantas ignoradas, e resgatou perdidas ervas medicinais da tradição indígena, fundou farmácias verdes gratuitas para todos, arou, semeou, colheu, criou filhos e galinhas, aprendeu e ensinou, sofreu prisão e praticou o amor ao próximo (*começando pelas próximas*, dizia).

Julho

5

O direito de rir

Segundo a Bíblia, Salomão, rei de Israel, não tinha uma boa opinião sobre o riso:
— *É loucura* — dizia ele.
Nem sobre a alegria:
— *Serve para quê?*
Segundo os evangelhos, Jesus não riu nunca.
O direito de rir sem cometer pecado precisou esperar até que na cidade de Assis nasceu, no dia de hoje de 1182, um bebê chamado Francisco.
São Francisco de Assis nasceu sorrindo, e anos depois instruiu seus monges discípulos:
— *Sejam alegres. Evitem aparecer tristes, carrancudos, hipócritas...*

Julho

6

Me engane

Hoje foi batizado, em 1810, em Connecticut, um bebê chamado Phineas Barnum.

Já maiorzinho, fundou o mais famoso dos circos.

O circo começou sendo um museu de esquisitices e monstruosidades, que atraía multidões:

se inclinavam diante de uma escrava cega, que tinha 161 anos de idade e havia dado de mamar a George Washington,

beijavam a mão de Napoleão Bonaparte, que media 64 centímetros de altura,

e comprovavam que estavam bem grudadinhos os irmãos siameses Chang e Eng, e que as três sereias tinham autênticos rabos de peixe.

Barnum foi o homem mais admirado pelos políticos profissionais de todos os tempos. Ele levou à prática, melhor que ninguém, seu grande descobrimento: *as pessoas gostam de ser enganadas.*

Julho

7

Fridamania

Em 1954, uma manifestação comunista percorreu as ruas da Cidade do México.
Frida Kahlo estava lá, de cadeira de rodas.
Foi a última vez em que foi vista viva.
Morreu, sem ruído, pouco depois.
E se passaram uns quantos anos até que a fridamania, tremendo alvoroço, a despertou.
Ressurreição ou negócio? É isso o que merecia uma artista alheia a qualquer exitismo e ao lindismo, autora impiedosa de autorretratos que a mostravam sobrancelhuda e bigoduda, crivada de agulhas e alfinetes, apunhalada por trinta e duas operações?
E se tudo isso fosse muito mais do que manipulação mercantilista? Uma homenagem do tempo, que celebra uma mulher capaz de transformar sua dor em cor?

Julho

8

O Líder Perpétuo

Em 1994, morreu o imortal.
Morreu, mas não morreu.
Conforme a Constituição da Coreia do Norte, redigida por ele mesmo, Kim Il Sung tinha nascido no primeiro dia da Nova Era da Humanidade, e era Presidente Eterno.
A Nova Era, inaugurada por ele, continua; e ele também: Kim Il Sung continua mandando lá de suas estátuas, que são os edifícios mais altos do país.

Julho

9

Os sóis que a noite esconde

No ano de 1909, nasceu Vitalino no Nordeste do Brasil.

E a terra seca, onde nada cresce, foi terra molhada, para que brotassem seus filhos de barro.

No começo foram brinquedos, que suas mãos modelaram para que acompanhassem a sua infância.

E o passo do tempo transformou os brinquedos em pequenas esculturas, tigres e caçadores, lavradores com suas enxadas escavando a terra dura, os guerreiros do deserto alçando fuzis, as caravanas dos retirantes expulsos pela seca, os violeiros, as bailadoras, os namorados, as procissões, os santos...

E assim os dedos mágicos de Vitalino contaram a tragédia e a festa da sua gente.

Julho

10

A fabricação de romances

Neste dia aziago de 1844, os franceses ficaram sem nada para ler. A revista *Le Siècle* publicou o último dos dezesseis capítulos do romance de aventuras que a França inteira devorava.

Se acabou. E agora? Sem *Os três mosqueteiros*, que na verdade eram quatro, quem arriscaria a vida, a cada dia, pela honra de uma rainha?

O autor, Alexandre Dumas, escreveu essa obra, e trezentas outras, num ritmo de seis mil palavras por dia. Os invejosos diziam que essa façanha de atletismo literário era possível graças ao seu costume de assinar páginas alheias, roubadas de outros livros ou mal pagas aos operários da pluma que trabalhavam para ele.

Talvez seus banquetes intermináveis, que inflavam sua pança e esvaziavam seus bolsos, o obrigassem a produzir, em série, obras de encomenda.

O governo francês pagou a ele, por exemplo, o romance *Montevidéu ou a Nova Troia*. Suas páginas foram dedicadas aos *heroicos defensores* desse porto que Adolphe Thiers chamava de *a nossa colônia de Montevidéu*, e que Dumas não conhecia nem de ouvir falar. A obra precisava outorgar alturas épicas à defesa do porto contra os homens da terra, aqueles peões descalços que Dumas chamou de *selvagens açoites da Civilização*.

Julho

11

A fabricação de lágrimas

Em 1941, o Brasil inteiro chorava a primeira radionovela:

> *O creme dental Colgate apresenta...*
> *"Em busca da felicidade!"*

O drama havia sido importado de Cuba e adaptado à realidade nacional. Os personagens tinham dinheiro de sobra, mas eram infelizes. Cada vez que estavam a ponto de alcançar a felicidade, o Destino cruel punha tudo a perder. E assim se passaram quase três anos, capítulo atrás de capítulo, e nem as moscas voavam quando chegava *a hora da novela*.

Não havia rádios em algumas aldeias escondidas no interior do Brasil. Mas sempre havia alguém disposto a cavalgar algumas léguas, escutar o capítulo, guardar bem na memória e regressar galopando. Então o cavaleiro contava o que tinha ouvido. E seu relato, muito mais longo que o original, convocava uma multidão de vizinhos ávidos para saborear as últimas desgraças, com esse impagável prazer dos pobres quando conseguem ter pena dos ricos.

Julho

12

A consagração do goleador

Em 1949, Gian Piero Boniperti foi o goleador do campeonato italiano e sua estrela mais brilhante.

Pelo que dizem os dizeres, ele tinha nascido ao contrário, com um pezinho chutando o ar, e do berço viajou rumo à glória do futebol.

O clube Juventus pagava a ele uma vaca por cada gol. *Altri tiempi.*

Julho

13

O gol do século

Neste dia do ano de 2002, o órgão supremo do futebol divulgou o resultado de uma pesquisa universal: *Escolha o gol do século XX*.

Ganhou, por esmagadora maioria, o gol de Diego Maradona no Mundial de 1986, quando dançando, com a bola grudada no pé, deixou seis ingleses perdidos pelo caminho.

Essa foi a última imagem do mundo que foi vista por Manuel Alba Olivares.

Ele tinha onze anos, e naquele mágico momento seus olhos se apagaram para sempre. Mas ele guardou o gol intacto na memória, e é capaz de contar esse gol muito melhor que os melhores locutores.

A partir daquele momento, para ver futebol e outras coisas não tão importantes, Manuel pede emprestados os olhos dos amigos.

Graças a eles, esse colombiano cego fundou e preside um clube de futebol, foi e continua sendo o técnico do time, comenta os jogos em seu programa de rádio, canta para divertir a audiência e nas horas vagas trabalha como advogado.

Julho

14

O baú dos perdedores

Helena Villagra sonhou com um imenso baú.

Ela abria esse baú com uma chave muito velha, e lá de dentro brotavam gols perdidos, pênaltis errados, times derrotados, e os gols perdidos entravam, a bola desviada corrigia seu rumo e os perdedores festejavam sua vitória. E aquele jogo pelo avesso não ia terminar nunca enquanto a bola continuasse voando, e o sonho, também.

Julho

15

Uma cerimônia de exorcismo

Nesta noite de 1950, véspera da final da Copa do Mundo, Moacir Barbosa dormiu embalado pelos anjos.

Era o homem mais amado do Brasil inteiro.

Mas, no dia seguinte, o melhor goleiro do mundo passou a ser um traidor da pátria: Barbosa não tinha sido capaz de agarrar o gol uruguaio que arrebatou do Brasil a taça do mundo.

Treze anos depois, quando o estádio do Maracanã renovou seus arcos, Barbosa levou com ele os três pedaços de madeira onde aquele gol o havia humilhado. E partiu a madeira a machadadas, e queimou tudo até tudo virar cinza.

O exorcismo não o salvou da maldição.

Julho

16

Meu querido inimigo

A camisa do Brasil era branca. E nunca mais foi branca, desde que a Copa de 50 demonstrou que essa era a cor da desgraça.

Duzentas mil estátuas de pedra no Maracanã: a final tinha acabado, o Uruguai era o campeão do mundo, e o público não se mexia.

No campo, alguns jogadores ainda perambulavam. Os dois melhores, Obdúlio e Zizinho, se cruzaram. Se cruzaram, se olharam.

Eram muito diferentes. Obdúlio, o vencedor, era de ferro. Zizinho, o vencido, era feito de música. Mas também eram muito parecidos: os dois tinham jogado a copa inteira machucados, um com o tornozelo inflamado, o outro com o joelho inchado, e de nenhum deles ninguém ouviu uma única queixa.

No fim do jogo, não sabiam se trocavam uma porrada ou um abraço.

Anos depois, perguntei a Obdúlio:

– *E você tem visto o Zizinho?*

– *Tenho. De vez em quando. Fechamos os olhos e nos vemos.*

Julho

17

Dia da Justiça

A Rainha disse:
– Aí tens o Mensageiro do Rei. Ele agora está preso, está sendo castigado. Seu julgamento não começará antes da próxima quarta-feira. E, claro, seu crime será cometido no fim.
– E se ele nunca cometer o crime? – perguntou Alice.

(De *Alice no País do Espelho*, segunda parte de *Alice no País das Maravilhas*, de Lewis Carroll, 1872)

Julho

18

A história é um jogo de dados

Cento e vinte anos tinha demorado a construção do templo da deusa Artemisa, em Éfeso, que soube ser uma das sete maravilhas do mundo.

O templo foi reduzido a cinzas numa única noite do ano de 356 a.C.

Ninguém sabe quem o criou. O nome do assassino, por sua vez, ainda ecoa. Eróstrato, o incendiário, quis passar para a história. E passou.

Julho

19

O primeiro turista das praias cariocas

O príncipe João, português, filho da rainha Maria, visitou a praia do porto do Rio de Janeiro, atendendo a conselho médico, em 1810.

O monarca mergulhou calçado e metido num barril. Tinha pânico dos caranguejos e das ondas.

Seu exemplo audaz não foi imitado. As praias do Rio eram lixeiras imundas, onde os escravos despejavam, de noite, os desperdícios de seus amos.

Depois, quando nascia o século XX, as águas puderam oferecer banhos de mar bastante melhores, mas isso sim: as damas e os cavalheiros estavam bem separados, como mandavam as boas regras do pudor.

Era preciso se vestir para ficar na praia. Na costa que agora é uma geografia da nudez, eles entravam n'água cobertos até abaixo dos joelhos, e elas escondiam seus pálidos corpos da cabeça aos pés, por causa do perigo do sol transformá-las em mulatas.

Julho

20

A intrusa

Em 1951, uma foto publicada na revista *Life* causou um alvoroço nos círculos ilustrados de Nova York.

Pela primeira vez apareciam, reunidos, os mais seletos pintores da vanguarda artística da cidade: Mark Rothko, Jackson Pollock, Willem de Kooning e outros onze mestres do expressionismo abstrato.

Todos homens, mas na fila de trás uma mulher aparecia na foto, desconhecida, de sobretudo negro, chapeuzinho e uma bolsa no braço.

Os fotografados não esconderam seu desgosto diante daquele presença ridícula.

Alguém tentou, em vão, desculpar a infiltrada, e a elogiou dizendo:

– *É que ela pinta feito homem.*

O nome dela era Hedda Sterne.

Julho

21

O outro astronauta

Neste dia de 1969, os jornais do mundo inteiro dedicaram sua primeira página à foto do século: os astronautas tinham caminhado pela Lua, com passos de urso, e tinham marcado na Lua as primeiras pegadas humanas.

Mas o principal protagonista da façanha não recebeu as felicitações que merecia.

Werner von Braun tinha inventado e lançado aquela nave espacial.

Antes de empreender a conquista do espaço por conta dos Estados Unidos, Von Braun tinha levado adiante a conquista da Europa por conta da Alemanha.

Esse engenheiro, oficial das SS, era o cientista predileto de Hitler.

Mas no dia seguinte ao fim da guerra soube dar um pulo prodigioso e caiu de pé na outra margem do mar.

Instantaneamente se transformou em patriota da sua nova pátria, se fez devoto de uma seita evangélica do Texas, e pôs mãos à obra no laboratório espacial.

Julho

22

A outra Lua

Os astronautas não foram os primeiros a chegar.

Mil e oitocentos anos antes, Luciano de Samósata havia visitado a Lua.

Ninguém viu, ninguém acreditou; mas ele escreveu isso, em idioma grego.

Lá pelo ano 150, Luciano e seus marinheiros se puseram a navegar das colunas de Hércules, que estavam onde agora está o estreito de Gibraltar, e uma tormenta apanhou o barco e subiu com ele até o céu e jogou todos na Lua.

Na Lua, ninguém morria. Os velhos muito velhos se dissolviam no ar. Os luneiros comiam fumaça e transpiravam leite. Os ricos vestiam roupas de cristal; os pobres, roupa alguma. Os ricos tinham muitos olhos, e os pobres, um ou nenhum.

Os luneiros viam, num espelho, tudo que os terrestres faziam. Enquanto durou a visita, Luciano e seus marinheiros receberam, dia após dia, as notícias de Atenas.

Julho

23

Gêmeos

Em 1944, no paraíso turístico de Bretton Woods, foi confirmado que estavam em gestação os irmãos gêmeos que a humanidade andava precisando.

Um ia se chamar Fundo Monetário Internacional e o outro, Banco Mundial.

Como Rômulo e Remo, os gêmeos foram amamentados por uma loba, e na cidade de Washington, pertinho da Casa Branca, acharam onde morar.

Desde então, os dois governam os governos do mundo. Em países onde não foram eleitos por ninguém, os gêmeos impõem o dever de obediência como fatalidade do destino: vigiam, ameaçam, castigam, examinam:

– *Você está se comportando bem? Fez a lição de casa?*

Julho

24

Malditos sejam os pecadores

No idioma aramaico, que Jesus e seus apóstolos falavam, uma mesma palavra significava *dívida* e *pecado*.

Dois milênios depois, os pobres do mundo sabem que a dívida é um pecado que não tem expiação. Quanto mais você paga, mais você deve; e no Inferno está à sua espera o castigo dos credores.

Julho

25

Receita para disseminar a peste

No século XIV, os fanáticos guardiães da fé católica declararam guerra contra os gatos nas cidades europeias.

Os gatos, animais diabólicos, instrumentos de Satã, foram crucificados, empalados, desossados vivos ou jogados nas chamas.

Então os ratos, liberados de seus piores inimigos, se fizeram donos das cidades. E a peste negra, transmitida pelos ratos, matou trinta milhões de europeus.

Julho

26

Chuva de gatos

Na grande ilha de Bornéu, os gatos comiam as lagartixas, que comiam as baratas, e as baratas comiam as vespas, que comiam os mosquitos.

O DDT não estava no cardápio.

Em meados do século XX, a Organização Mundial da Saúde bombardeou a ilha com cargas massivas de DDT, para combater a malária, e aniquilou os mosquitos e todo o resto.

Quando os ratos ficaram sabendo que os gatos também tinham morrido envenenados, invadiram a ilha, devoraram as frutas nos campos e propagaram o tifo e outras calamidades.

Diante do ataque imprevisto dos ratos, os especialistas da Organização Mundial da Saúde reuniram seu comitê de crise e resolveram mandar gatos de paraquedas.

Nesses dias de 1960, dezenas de felinos atravessaram o céu de Bornéu.

Os gatos aterrissaram suavemente, ovacionados pelos humanos que haviam sobrevivido à ajuda internacional.

Julho

27

A locomotiva de Praga

Hoje terminaram, em Helsinque, as Olimpíadas de 1952.

Emil Zatopek, imbatível corredor de fundo, forte e veloz como uma locomotiva, ganhou três medalhas de ouro.

Em seu país foi declarado herói nacional e deram a ele o grau de coronel do exército tchecoslovaco.

Alguns anos depois, em 1968, Zatopek apoiou a insurreição popular e se opôs à invasão soviética.

E quem era coronel virou gari.

Julho

28

Testamento

Em 1890, em carta ao seu irmão Theo, Vincent van Gogh escreveu:
– *Que sejam meus quadros os que digam.*
E se matou no dia seguinte.
Seus quadros continuam dizendo.

Julho

29

Queremos outro tempo

Ao longo de três dias, em 1830, seis mil barricadas transformaram a cidade de Paris em campo de batalha, e derrotaram os soldados do rei.

E quando esse dia virou noite, a multidão crivou, a pedradas e a bala, os relógios: os grandes relógios das igrejas e de outros templos do poder.

Julho

30

Dia da Amizade

Conforme dizia Carlos Fonseca Amador, amigo é o que critica na cara e elogia pelas costas.

E conforme diz a experiência, o amigo de verdade é amigo nas quatro estações. Os outros são amigos só de verão.

Julho

31

O tempo anunciado

No tempo antigo, havia acontecido a insurreição das coisas.

Conforme os maias sabem muito bem, antes do antes haviam se sublevado as coisas maltratadas da cozinha, as panelas queimadas, os pilões amassados, as facas cegas, as caçarolas furadas; e os deuses tinham acompanhado essa rebelião das coisas.

Muito tempo depois, nas plantações de Iucatã, os escravos maias, tratados feito coisas, tinham se alçado contra seus amos, que davam ordens com chibata porque diziam que eles tinham os ouvidos nas costas.

Nesta noite de 1847, explodiu a guerra. E durante meio século os escravos ocuparam as plantações e queimaram os documentos que legalizavam sua escravidão e a escravidão de seus filhos e a escravidão dos filhos de seus filhos.

Agosto

Agosto

1

Mãe nossa que estais na terra

Nas aldeias dos Andes, a mãe terra, a Pachamama, celebra hoje a sua grande festa.

Dançam e cantam seus filhos, nessa jornada sem fim, e vão oferecendo para a terra um pouco de cada um dos manjares do milho e um golinho de cada uma das bebidas fortes que molham a sua alegria.

E no final, pedem a ela perdão por tanto dano, terra saqueada, terra envenenada, e suplicam a ela que não os castigue com terremotos, nevascas, secas, inundações e outras fúrias.

Essa é a fé mais antiga das Américas.

Assim os maias tojolabales cumprimentam a mãe, em Chiapas:

> *Você nos dá feijões,*
> *que são tão saborosos*
> *com pimenta, com tortilha.*
> *Você nos dá milho, e café do bom.*
>
> *Mãe querida,*
> *cuide bem de nós, cuide bem.*
> *E que a gente jamais pense*
> *em vender você.*

Ela não mora no Céu. Mora nas profundidades do mundo, e lá nos espera: a terra que nos dá de comer é a terra que nos comerá.

Agosto

2

Campeão

Neste dia do ano de 1980, o boxeador colombiano Kid Pambelé perdeu, nocauteado, sua coroa mundial.

Tinha nascido em Palenque, antigo refúgio de escravos rebeldes; e antes de ser campeão do mundo vendia jornais, engraxava sapatos e lutava boxe, a troco de comida, nos povoados perdidos no mapa.

Oito anos durou a glória. Mais de cem lutas, só doze derrotas.

Acabou disparando socos contra a sua sombra na parede.

Agosto

3

Os apaixonados

Essa história começou quando os deuses, com inveja da paixão humana, castigaram Zin Nu, a tecelã, e seu amante de nome esquecido. Os deuses cortaram seu abraço, que havia feito um de dois, e os condenaram à solidão. Desde então, eles vivem separados pela Via Láctea, o grande rio celeste, que proíbe seu passo.

Mas uma vez por ano, e durante uma única noite, a sétima noite da sétima Lua, os desencontrados podem se encontrar.

As gralhas ajudam. Unindo suas asas, elas estendem uma ponte na noite do encontro.

As tecelãs, as bordadeiras e as costureiras da China inteira rogam para que não chova.

Se não chover, a tecelã Zin Nu se lança em seu caminho. A roupa que veste, e que logo desvestirá, é obra da maestria de suas mãos.

Mas se chover, as gralhas não aparecem, no céu não há ponte que una os desunidos e na terra não há festa que celebre as artes do amor e da agulha.

Agosto

4

Roupa que conta

Uns dois mil anos atrás, foi aniquilada a grande cidade dos miaos.

Conforme revelaram antigos manuscritos chineses, em algum lugar da vasta planície dos rios Amarelo e Yangtsé havia uma cidade onde viviam *pessoas que têm asas e se chamam Miao.*

Existem quase dez milhões de miaos na China atual. Falam uma língua que nunca teve escrita, mas vestem roupas que contam sua grandeza perdida. Com fios de seda tecem a história de suas origens e seus êxodos, seus nascimentos e seus funerais, as guerras dos deuses e dos homens, e também a monumental cidade que já não existe:

– *Nós a levamos na roupa* – diz um dos velhos mais velhos. – *A porta fica no capuz. As ruas percorrem a capa inteira, e nas ombreiras florescem nossas hortas.*

Agosto

5

O mentiroso que nasceu três vezes

Em 1881, quando mal tinha dois meses de vida, Pinóquio já era o ídolo da infância italiana.

O livro que contava suas aventuras vendia como se fosse bombom.

Pinóquio tinha sido criado pelo carpinteiro Gepeto, que tinha sido criado pelo escritor Carlo Collodi. Assim que Gepeto fez as mãos, mãos de pinho, o boneco sumiu com a sua peruca, deixando em evidência sua cabeça calva. E assim que fez as pernas, Pinóquio se mandou correndo e o denunciou para a polícia.

Collodi já estava farto dos descalabros desse insuportável mequetrefe, quando decidiu enforcá-lo, e o deixou pendurado num galho de azinheiro.

Mas pouco depois, forçado pelas crianças da Itália inteira, não teve outro remédio a não ser ressuscitá-lo; e esse foi o seu segundo nascimento.

O terceiro nascimento levou mais uns tantos anos. Em 1940, Walt Disney o batizou em Hollywood. Pinóquio emergiu de uma geleia de mel e de lágrimas, e voltou à vida, milagrosamente bonzinho.

Agosto

6

A bomba de Deus

Em 1945, enquanto este dia nascia, Hiroshima morria. Na estreia mundial da bomba atômica, a cidade e sua gente viraram carvão num instante.

Os poucos sobreviventes perambulavam, mutilados, sonâmbulos, no meio das ruínas fumegantes. Andavam nus, e em seus corpos as queimaduras haviam estampado as roupas que usavam quando houve a explosão. Nos restos das paredes, o relâmpago do fogo da bomba atômica tinha deixado impressas as sombras do que houve: uma mulher com os braços erguidos, um homem, um cavalo amarrado...

Três dias depois, o presidente Harry Truman falou pelo rádio.

Disse:

– *Agradecemos a Deus por ter posto a bomba em nossas mãos e não nas mãos dos nossos inimigos; e rogamos a Deus que nos guie em seu uso, de acordo com seus caminhos e seus propósitos.*

Agosto

7

Me espia

Em 1876, nasceu Mata Hari.

Suntuosos leitos foram seus campos de batalha na Primeira Guerra Mundial. Altos chefes militares e políticos de muito poder sucumbiram aos encantos de suas armas, e confiaram segredos que ela vendia para a França, para a Alemanha ou para quem desse mais.

Em 1917, foi condenada à morte.

A espiã mais desejada do mundo mandou beijos de adeus ao pelotão de fuzilamento.

Oito dos doze soldados erraram o tiro.

Agosto

8

Maldita América

Hoje morreu, em 1553, o médico e escritor italiano Girolamo Fracastoro.

Entre outras doenças contagiosas, Fracastoro havia pesquisado a sífilis, e tinha chegado à conclusão de que essa doença europeia não havia sido gerada a partir dos índios das Américas.

Em nossos dias, Moacyr Scliar, brasileiro, colega de Fracastoro na ciência e nas letras, também desmente a origem da suposta maldição americana:

antes da conquista do Novo Mundo, os franceses já chamavam a sífilis de *mal italiano*, e os italianos chamavam de *mal francês*;

os holandeses e portugueses chamavam de *doença espanhola;*

era a *enfermidade portuguesa* para os japoneses, *enfermidade alemã* para os polacos e *enfermidade polaca* para os russos,

e os persas achavam que era a peste dos turcos.

Agosto

9

Dia dos Povos Indígenas

Rigoberta Menchú nasceu na Guatemala, quatro séculos e meio depois da conquista feita por Pedro de Alvarado e cinco anos depois da conquista feita por Dwight Eisenhower.

Em 1982, quando o Exército arrasou as montanhas maias, quase toda a família de Rigoberta foi exterminada, e a aldeia onde seu umbigo tinha sido enterrado para que surgisse milho foi apagada do mapa.

Dez anos mais tarde, ela recebeu o prêmio Nobel da Paz. E declarou:

– *Recebo este prêmio como uma homenagem ao povo maia, embora chegue com quinhentos anos de atraso.*

Os maias são gente de paciência. Sobreviveram a cinco séculos de carnificina.

Eles sabem que o tempo, como a aranha, tece devagar.

Agosto

10

Manuelas

Todos homens. Mas era uma mulher, Manuela Cañizares, quem os recrutava e os reunia para conspirar na casa dela.

Na noite de 9 de agosto de 1809, os homens passaram horas e horas discutindo, e sim, e não, e quem sabe?, e não se decidiam a proclamar, de uma vez por todas, a independência do Equador. E uma vez mais estavam adiando a questão para outra ocasião mais propícia, quando Manuela os encarou e gritou *covardes, medrosos, nascidos para servir*. E ao amanhecer do dia de hoje, abriu-se a porta do novo tempo.

Outra Manuela, Manuela Espejo, também precursora da independência americana, foi a primeira jornalista do Equador. E como esse era um ofício impróprio para as damas, publicava com pseudônimo seus audazes artigos contra a mentalidade servil que humilhava a sua terra.

E outra Manuela, Manuela Sáenz, ganhou fama perpétua por ser a amante de Simón Bolívar, mas além disso ela foi ela: a mulher que combateu contra o poder colonial e contra o poder macho e seus puritanismos hipócritas.

Agosto

11

Família

Como se sabe na África negra e na América indígena, a sua família é a sua aldeia completa, com todos os seus vivos e os seus mortos.

E a sua parentela não termina nos humanos.

Sua família também fala com você na crepitação do fogo,
no rumos da água que corre,
na respiração do bosque,
nas vozes do vento,
na fúria do trovão,
na chuva que beija
e na cantoria dos pássaros que saúdam os seus passos.

Agosto

12

Atletos e atletas

Em 1928, terminaram as olimpíadas de Amsterdã. Tarzan, vulgo Johnny Weissmuller, foi o campeão de natação, e o Uruguai, campeão de futebol. E pela primeira vez a tocha olímpica, acesa numa torre, acompanhou as jornadas do princípio ao fim.

Mas essas olimpíadas acabaram sendo memoráveis por causa de outra novidade: pela primeira vez, as mulheres participaram.

Nunca antes, na história das olimpíadas, da Grécia em diante, se havia visto nada igual.

Nas olimpíadas gregas, as mulheres eram proibidas de competir, e não podiam nem mesmo assistir aos espetáculos.

E o fundador das olimpíadas modernas, o Barão de Coubertin, se opôs à presença feminina enquanto seu reinado durou:

– *Para ela, a graça, o lar e os filhos. Para eles, a competição esportiva.*

Agosto

13

O direito à valentia

Em 1816, o governo de Buenos Aires outorgou o grau de tenente-coronel a Juana Azurduy, *em virtude de seu esforço varonil.*

Na guerra da independência, ela tinha liderado os guerrilheiros que arrancaram o morro de Potosí das mãos espanholas.

Era proibido às mulheres se meter nos masculinos assuntos da guerra, mas os oficiais machos não tiveram outro remédio a não ser admirar *a viril coragem dessa mulher.*

Depois de muito galopar, quando a guerra já tinha matado seu marido e cinco de seus seis filhos, Juana também morreu. Morreu na pobreza, pobre entre os pobres, e foi jogada na vala comum.

Quase dois séculos depois, o governo argentino, presidido por uma mulher, promoveu Juana Azurduy a generala do exército, *em homenagem à sua feminina valentia.*

Agosto

14

O maníaco dos mosquitos

Em 1881, o médico cubano Carlos Finlay revelou que a febre amarela, também chamada de vômito negro, era transmitida por um certo mosquito fêmea. Ao mesmo tempo, deu a conhecer uma vacina que podia acabar com aquela peste.

Carlos, conhecido pela vizinhança como *o maníaco dos mosquitos*, explicou sua descoberta diante da Academia de Ciências Médicas, Físicas e Naturais de Havana.

O mundo levou vinte anos para ficar sabendo.

Durante esses vinte anos, enquanto prestigiados cientistas de prestigiados lugares pesquisavam pistas falsas, a febre amarela continuou matando gente.

Agosto

15

A pérola e a coroa

Winston Churchill havia avisado:
– *É alarmante e nauseabundo ver esse senhor chamado Gandhi, esse maligno e fanático subversivo... A verdade é que cedo ou tarde teremos que enfrentá-lo, enfrentarmos ele e todos os que o apoiam, e finalmente esmagá-los. Não serve para nada tentar acalmar o tigre dando a ele comida de gato. E não temos a menor intenção de abandonar a mais brilhante e preciosa pérola da nossa coroa, glória e poder do Império Britânico.*

Mas, alguns anos depois, a pérola abandonou a coroa. No dia de hoje de 1947, a Índia conquistou a sua independência.

O duro caminho rumo à liberdade tinha se aberto em 1930, quando Mahatma Gandhi, esquálido, quase nu, chegou a uma praia do oceano Índico.

Era a marcha do sal. Eram poucos, pouquinhos, quando a marcha partiu, mas uma multidão chegou ao destino. E cada um pegou um punhado de sal e levou à boca, e assim cada um deles violou a lei britânica, que proibia que os hindus comessem o sal de seu próprio país.

Agosto

16

As sementes suicidas

Há uns trezentos e sessenta milhões de anos, as plantas vêm produzindo sementes fecundas, que geram novas plantas e novas sementes, e nunca receberam um tostão por esse favor que fazem a todos nós.

Mas em 1998 foi outorgada à empresa Delta and Pine a patente que santifica a produção e a venda de sementes estéreis, que obrigam a comprar novas sementes a cada semeadura. E em meados do ano de 2006, a empresa Monsanto, de nome sacro, se apoderou da Delta and Pine, e também da patente.

E assim a Monsanto consolidou seu poder universal: as sementes estéreis, chamadas de *sementes suicidas*, ou de *sementes Terminator*, integram o muito lucrativo negócio que também obriga a comprar herbicidas, pesticidas e outros venenos da farmácia transgênica.

Na Páscoa do ano de 2010, poucos meses depois do terremoto, o Haiti recebeu um grande presente da Monsanto: sessenta mil sacas de sementes produzidas pela indústria química. Os camponeses se juntaram para receber a oferenda, e queimaram todas as sacas numa imensa fogueira.

Agosto

17

Mulher perigosa

Em 1893 nasceu Mae West, carne de pecado, vampira voraz.

Em 1927 foi parar na cadeia, com todo seu elenco, por ter encenado um convite ao prazer, sutilmente chamado de *Sex*, num teatro da Broadway.

Quando acabou de purgar seu *delito de obscenidade pública*, decidiu mudar-se da Broadway para Hollywood, do teatro para o cinema, achando que chegava ao reino da liberdade.

Mas o governo dos Estados Unidos impôs a Hollywood um certificado de correção moral, que durante trinta e oito anos foi imprescindível para autorizar a estreia de qualquer filme.

O código Hays proibiu que o cinema mostrasse nudez, danças sugestivas, beijos lascivos, adultérios, homossexualidades e outras perversões que atentassem contra a santidade do matrimônio e do lar. Nem os filmes de Tarzan conseguiram se salvar, e Betty Boop foi obrigada a usar vestido comprido. E Mae West continuou se metendo em confusões.

Agosto

18

A rede das redes

Nesses dias de 1969, um grupo de cientistas pôs em marcha um novo projeto das forças armadas dos Estados Unidos: seria criada uma nova rede de redes para conectar e coordenar as operações militares numa escala jamais vista.

Na guerra pela conquista da terra e do céu, essa invenção, que ainda não se chamava internet, acabou sendo uma vitória dos Estados Unidos sobre a potência rival, que ainda se chamava União Soviética.

Paradoxalmente, com o passar dos anos, esse instrumento de guerra também serviu e serve para multiplicar as vozes da paz, que antes tinham o som de sinos de madeira.

Agosto

19

A guerra no tabuleiro

Em 1575, foi travada a primeira batalha importante da história do xadrez. O vencedor, Leonardo da Cutri, recebeu um prêmio de dez mil ducados, uma capa de arminho e uma carta de felicitações do rei espanhol Felipe II. O vencido, Ruy López de Segura, tinha escrito o livro que fundou a arte do combate das pretas contra as brancas no campo quadriculado. Nessa obra, o autor, que era clérigo, aconselhava beatificamente:

– *Quando se puser a jogar, e em sendo dia claro e ao sol, procure que o inimigo tenha o sol na frente, para que o cegue. E em sendo escuro, e em se jogando com lume, faça que tenha a luz à mão direita, para que perturbe a sua vista e a sua mão direita, que traz ao tabuleiro, lhe faça sombra, de tal modo que não veja bem onde move as peças.*

Agosto

20

A mão de obra celestial

Na serra equatoriana, ergue-se a igreja de Licto.

Essa fortaleza da fé foi reconstruída, com pedras gigantescas, enquanto o século XX nascia.

Como já não havia escravidão, ou pelo menos era o que a lei dizia, índios livres fizeram a tarefa: carregaram pedras nas costas, de uma pedreira distante, a várias léguas dali, e alguns deles deixaram a vida no caminho de penhascos profundos e veredas estreitas.

Os padres calculavam em pedras a salvação dos pecadores. Cada batismo era pago com vinte blocos, e um casamento custava vinte e cinco. Quinze pedras era o preço de um enterro. Se a família não pagasse, o defunto não entrava no cemitério, era enterrado em *terra ruim*, e dali mesmo ia diretinho para o Inferno.

Agosto

21

A divisão do trabalho

Na universidade norte-americana de Stanford foi realizada uma reveladora experiência sobre a relação entre o homem e sua função.

Os psicólogos recrutaram alguns estudantes brancos, de boa educação, boa conduta e boa saúde física e mental.

O voo de uma moeda decidiu quem seria carcereiro e quem seria prisioneiro num cárcere fictício, inventado nos porões da universidade.

Os prisioneiros, desarmados, eram números sem nomes. Os carcereiros, nomes sem números, tinham um cassetete.

Parecia uma brincadeira, mas desde o primeiro dia os que faziam o papel de carcereiros começaram a sentir o gostinho. A licença para ir ao banheiro só era concedida depois de muito rogar, os presos dormiam nus no chão de cimento; e era em celas de castigo, sem comer nem beber, que pagavam pela insolência de falar em voz alta.

Golpes, insultos, humilhações: durou pouco a experiência. Só uma semana. No dia de hoje de 1971, foi dada por concluída.

Agosto

22

A melhor mão de obra

O sacerdote francês Jean-Baptiste Labat recomendava num de seus livros, publicado em 1742:

Os meninos africanos de dez a quinze anos são os melhores escravos para se levar para a América. Tem-se a vantagem de educá-los para que marquem o passo como melhor convenha aos seus amos. Os meninos esquecem com mais facilidade seu país natal e os vícios que lá reinam, se encarinham com seus amos e estão menos inclinados à rebelião que os negros mais velhos.

Esse piedoso missionário sabia do que falava. Nas ilhas francesas do mar do Caribe, *Père Labat* oferecia batismos, comunhões e confissões, e entre missa e missa vigiava suas propriedades. Ele era dono de terras e escravos.

Agosto

23

A pátria impossível

Em 1791, outro amo de terras e escravos enviou uma carta do Haiti:

– *Os negros são muito obedientes, e serão sempre* – dizia.

A carta estava navegando rumo a Paris quando ocorreu o impossível: na noite de 22 para 23 de agosto, noite de tormenta, a maior insurreição de escravos da história da humanidade explodiu nas profundidades da selva haitiana. E *esses negros muito obedientes* humilharam o exército de Napoleão Bonaparte, que havia invadido a Europa de Madri a Moscou.

Agosto

24

Era o dia do deus romano do fogo

E era o ano de 79.

Plínio, o Velho, navegava comandando uma frota romana.

Ao entrar na baía de Nápoles, viu que uma fumaça negra vinha crescendo do vulcão Vesúvio, uma árvore alta que abria sua ramagem na direção do céu, e de repente caiu a noite em pleno dia, o mundo tremeu em violentas sacudidelas e um bombardeio de pedras de fogo sepultou a festeira cidade de Pompeia.

Pouco antes, o fogo havia arrasado a cidade de Lugdunum, e Sêneca havia escrito:

Houve apenas uma noite entre a maior cidade e cidade alguma.

Lugdunum ressuscitou, e agora se chama Lyon. E Pompeia não desapareceu: intacta debaixo das cinzas, foi guardada pelo vulcão que a matou.

Agosto

25

O resgate da cidade prisioneira

Ao amanhecer deste dia de 1944, Paris enlouqueceu. A ocupação nazista havia terminado.

Os primeiros tanques e carros blindados haviam entrado umas horas antes:

– *São americanos?* – perguntava a multidão.

Mas os nomes daqueles tanques e daqueles blindados, escritos desajeitadamente com tinta branca, diziam: *Guadalajara, Ebro, Teruel, Madri, Dom Quixote, Durruti...*

Os primeiros libertadores de Paris foram os republicanos espanhóis.

Vencidos em sua terra, tinham lutado pela França. Eles achavam que depois a Espanha seria resgatada. Se enganaram.

Agosto

26

A pureza da fé

Ivan, o Terrível, nasceu em 1530.

Para educar o povo na fé cristã, ergueu em Moscou o grande templo de são Basílio, que continua sendo o belo símbolo da cidade, e para perpetuar seu poder cristão mandou ao Inferno uns tantos pecadores, seus rivais, seus parentes:

jogou aos cães o príncipe Andrei e o arcebispo Leonid,

assou vivo o príncipe Piotr,

partiu a golpes de machado os príncipes Aleksander, Repnin, Snuyon, Nikolai, Dimitri, Telepnev e Tiutin,

afogou no rio seu primo Vladimir, sua cunhada Aleksandra e sua tia Eudoxia,

envenenou cinco de suas sete esposas,

e com um golpe de bastão matou seu filho, o preferido, o que levava seu nome, porque era demasiado parecido com ele.

Agosto

27

A pureza da raça

Em 1924, Adolf Hitler ditou, na prisão, seu livro *Mein Kampf*. Num dia como hoje, transmitiu ao escriba seu ensinamento fundamental sobre a história da humanidade:

Todas as grandes culturas do passado sucumbiram apenas porque a raça originalmente criativa morreu por causa do envenenamento do sangue.

Catorze anos depois, Benito Mussolini proclamou, em seu *Manifesto da raça*:

As características físicas e psicológicas puramente europeias dos italianos não devem ser alteradas de forma alguma. Já é tempo de que os italianos se proclamem francamente racistas.

Agosto

28

"Eu tenho um sonho"

Neste dia de 1963, diante de uma imensa multidão que cobria as ruas de Washington, o pastor Martin Luther King sonhou em voz alta:

— *Sonho que algum dia meus filhos não serão julgados pela cor de sua pele, sonho que algum dia toda planície se elevará e toda montanha encolherá...*

Naquela altura, o FBI determinou que King era *o negro mais perigoso para o futuro dessa nação*, e numerosos espiões perseguiam passo a passo seus dias e suas noites.

Mas ele continuou denunciando a humilhação racial e a guerra do Vietnã, que transformava os negros em bucha de canhão, e sem meias palavras dizia que seu país era *o maior fornecedor de violência no mundo.*

Em 1968, uma bala partiu seu rosto.

Agosto

29

Homem de cor

Querido irmão branco:
Quando nasci, era negro.
Quando cresci, era negro.
Quando o sol bate, sou negro.
Quando estou doente, sou negro.
Quando morrer, serei negro.
E enquanto isso, você:
Quando nasceu, era rosado.
Quando cresceu, foi branco.
Quando o sol bate, você é vermelho.
Quando sente frio, é azul.
Quando sente medo, é verde.
Quando está doente, é amarelo.
Quando morrer, você será cinzento.
Então, qual de nós dois é um homem de cor?

(De Léopold Senghor, poeta do Senegal)

Agosto

30

Dia dos Desaparecidos

Desaparecidos: os mortos sem tumba, as tumbas sem nome.
E também:
os bosques nativos,
as estrelas na noite das cidades,
o aroma das flores,
o sabor das frutas,
as cartas escritas a mão,
os velhos cafés onde havia tempo para perder tempo,
o futebol de rua,
o direito a caminhar,
o direito a respirar,
os empregos seguros,
as aposentadorias seguras,
as casas sem grades,
as portas sem fechadura,
o senso comunitário
e o bom-senso.

Agosto

31

Heróis

Em 1943, durante a Segunda Guerra Mundial, o general George Patton discursava para os seus soldados:

Os senhores estão aqui porque são homens de verdade e todos os homens de verdade amam a guerra!

Nós, americanos, temos o orgulho de ser homens-machos, e somos homens-machos!

A América ama os vencedores! A América não tolera os perdedores! A América despreza os covardes! Nós, americanos, sempre apostamos na vitória! Por isso a América nunca perdeu e jamais perderá uma guerra!

Ele era um reencarnado. Antes de entrar no exército dos Estados Unidos, havia sido guerreiro em Cartago e em Atenas, cavalheiro na corte inglesa e marechal de Napoleão Bonaparte.

O general Patton morreu, em 1945, atropelado por um caminhão.

Setembro

Setembro

1

Traidores

No ano de 2009, foi erguido na Alemanha um monumento aos soldados desertores.

É raro um reconhecimento desses, entre tantos monumentos que a história da humanidade vai regando enquanto passa.

Homenagem aos traidores? Sim, os desertores são traidores. Traidores das guerras.

Setembro

2

O inventor das guerras preventivas

Em 1939, Hitler invadiu a Polônia porque a Polônia ia invadir a Alemanha.

Enquanto um milhão e meio de soldados alemães se derramavam no mapa polaco e uma chuva de bombas caía dos aviões, Hitler expunha sua doutrina das guerras preventivas: é melhor prevenir que remediar, eu mato antes que me matem.

Hitler fez escola. A partir de então, todas as guerras digestivas, países que comem países, se dizem guerras preventivas.

Setembro

3

Gente agradecida

Um ano depois da invasão da Polônia, Hitler continuava seu avanço desenfreado, e estava devorando meia Europa. Já tinham caído, ou estavam por cair, a Áustria, a Tchecoslováquia, a Finlândia, a Noruega, a Dinamarca, a Holanda, a Bélgica e a França, e já tinham começado os bombardeios noturnos contra Londres e outras cidades britânicas.

Em sua edição de hoje de 1940, o jornal espanhol *ABC* informava que haviam sido derrubados *cento e dezesseis aviões inimigos* e não ocultava sua satisfação diante *do grande êxito dos ataques do Reich.*

Na capa do jornal sorria, triunfante, o generalíssimo Francisco Franco. A gratidão era uma de suas virtudes.

Setembro

4

Palavra

No ano de 1970, Salvador Allende ganhou as eleições e se consagrou presidente do Chile.
E disse:
– *Vou nacionalizar o cobre.*
E disse:
– *Daqui, eu não saio vivo.*
E cumpriu sua palavra.

Setembro

5

Combata a pobreza: mate um pobre

Em 1638, nasceu Luís XIV, rei da França, o Rei Sol.

O Rei Sol viveu dedicado às gloriosas guerras contra seus vizinhos e ao cuidado de sua cacheada peruca, suas capas esplêndidas e seus sapatos de salto alto.

Sob seu reinado, duas sucessivas epidemias de fome mataram mais de dois milhões de franceses.

A cifra foi conhecida graças a Blaise Pascal, que havia inventado, meio século antes, a calculadora mecânica. E a razão foi conhecida graças a Voltaire, que tempos depois escreveu:

– *A boa política conhece este segredo: como fazer morrer de fome os que permitem que os demais vivam.*

Setembro

6

A comunidade internacional

O cozinheiro convocou a vitela, o leitão, a avestruz, o cabrito, o veado, o frango, o pato, a lebre, o coelho, a perdiz, o peru, o faisão, a pomba, a tainha, a sardinha, o bacalhau, o atum, o polvo, o camarão, a lula e até o caranguejo e a tartaruga, que foram os últimos a chegar.

E quando estavam todos reunidos, o cozinheiro explicou:

– *Reuni vocês todos aqui para perguntar com qual molho querem ser comidos.*

E então alguém, entre os convidados, disse:

– *Eu não quero ser comido de jeito nenhum.*

O cozinheiro deu a reunião por encerrada.

Setembro

7

O visitante

Nestes dias do ano 2000, cento e oitenta e nove países firmaram a Declaração do Milênio, e se comprometiam a resolver todos os dramas do mundo.

O único objetivo alcançado não aparecia na lista: conseguiu-se multiplicar a quantidade de especialistas necessários para levar adiante tarefas tão difíceis.

Pelo que ouvi dizer em São Domingos, um desses especialistas estava percorrendo os arredores da cidade quando se deteve diante do galinheiro de dona Maria de las Mercedes Holmes, e perguntou a ela:

– *Se eu disser exatamente quantas galinhas a senhora tem, a senhora me dá uma?*

E ligou seu computador tablet com tela touch screen, ativou o GPS, conectou-se através de seu telefone celular 3G com o sistema de fotos de satélite e pôs o contador de pixels para funcionar:

– *A senhora tem cento e trinta e duas galinhas.*

E pegou uma.

Dona Maria de las Mercedes não ficou calada:

– *Se eu disser ao senhor qual é o seu trabalho, o senhor me devolve a galinha? Pois então eu digo: o senhor é um especialista internacional. Eu notei porque veio sem ser chamado por ninguém, entrou no galinheiro sem pedir licença, me contou uma coisa que eu já sabia e me cobrou por isso.*

Setembro

8

Dia da Alfabetização

Sergipe, Nordeste do Brasil: Paulo Freire começa uma nova jornada de trabalho com um grupo de camponeses muito pobres, que estão se alfabetizando.

– *Como vai, João?*

João se cala. Amassa o chapéu. Longo silêncio, e finalmente ele diz:

– *Não consegui dormir. A noite inteira sem fechar os olhos.*

Mais palavras não saem da sua boca, até que ele murmura:

– *Ontem, eu escrevi meu nome pela primeira vez.*

Setembro

9

Estátuas

José Artigas viveu lutando, no lombo de um cavalinho pangaré, e dormindo debaixo das estrelas. Enquanto governou suas terras livres, teve como trono um crânio de vaca, e um poncho como único uniforme.

Com a roupa do corpo foi-se embora para o exílio, e morreu na pobreza.

Agora um enorme prócer de bronze nos contempla, montado em brioso corcel, do alto da praça mais importante do Uruguai.

Esse herói vitorioso, emperiquitado para a glória, é idêntico a todas as efígies de todos os próceres militares que o mundo venera.

Ele diz ser José Artigas.

Setembro

10

A primeira reforma agrária da América

Aconteceu em 1815, quando o Uruguai ainda não era país, nem se chamava desse jeito.

Em nome do povo sublevado, José Artigas expropriou *as terras dos maus europeus e piores americanos,* e ordenou que fossem repartidas.

Foi a primeira reforma agrária da América, meio século antes que Lincoln e um século antes que Emiliano Zapata.

Projeto criminoso, disseram os ofendidos, e, para completar, Artigas advertiu:

– *Os mais infelizes serão os mais privilegiados.*

Cinco anos depois, Artigas, derrotado, foi para o exílio, e no exílio morreu.

As terras repartidas foram arrebatadas dos mais infelizes, mas a voz dos vencidos continua dizendo, misteriosamente:

– *Ninguém é mais que ninguém.*

Setembro

11

Dia contra o Terrorismo

Procuram-se os sequestradores de países.

Procuram-se os estranguladores de salários e os exterminadores de empregos.

Procuram-se os violadores da terra, os envenenadores da água e os ladrões do ar.

Procuram-se os traficantes do medo.

Setembro

12

Palavras viventes

Neste dia de 1921, Amilcar Cabral nasceu na colônia portuguesa de Guiné-Bissau, no oeste da África.

Ele encabeçou a guerra de independência de Guiné-Bissau e das ilhas de Cabo Verde.

Palavras dele:

Cuidado com o militarismo. Somos militantes armados, não somos militares. A alegria de viver está acima de tudo.

As ideias não vivem apenas na cabeça. Elas vivem também na alma e no coração e no estômago e em todo o resto.

É preciso escutar as pessoas, aprender das pessoas. Não escondam nada do povo. Não contem mentiras: denunciem as mentiras. Não ponham máscaras nas dificuldades, nos erros, nas quedas. Não cantem vitórias fáceis.

Em 1973, Amilcar Cabral foi assassinado.

Não pôde celebrar a independência dos novos países que ele tanto havia ajudado a nascer.

Setembro

13

O viajante imóvel

Se não me engano, em 1883 nasceu Sandokan, príncipe e pirata, tigre da Malásia.

Sandokan brotou da mão de Emilio Salgari, como outros personagens que acompanharam a minha infância.

O pai, Emilio Salgari, havia nascido em Verona, e nunca navegou além da costa italiana. Nunca esteve no golfo de Maracaibo, nem na selva de Iucatã, nem nos portos de escravos da Costa do Marfim, nem conheceu os pescadores de pérolas das ilhas Filipinas, nem os sultões do Oriente, nem os piratas do mar, nem as girafas da África, nem os búfalos do Velho Oeste.

Mas graças a ele, eu sim, estive, eu sim, conheci.

Quando minha mãe não me deixava ir além da esquina de casa, os romances de Salgari me levaram a navegar os sete mares do mundo e outros mares mais.

Salgari me apresentou a Sandokan e a lady Mariana, seu amor impossível, a Yáñez, o navegador, ao Corsário Negro e a Honorata, a filha de seu inimigo, e a tantos amigos que ele havia inventado para que o salvassem da fome e o acompanhassem na solidão.

Setembro

14

A independência como medicina preventiva

Na noite de hoje de 1821, uns poucos cavalheiros redigiram a Ata de Independência da América Central, que só foi assinada na manhã do dia seguinte.

A ata diz, ou melhor, confessa, que era preciso declarar sem demora a independência, *para prevenir as consequências que seriam terríveis no caso de que a proclamasse, de fato, o próprio povo.*

Setembro

15

Adote um banqueirinho!

No ano de 2008, a Bolsa de Nova York foi a pique.

Dias históricos, dias históricos: os banqueiros, que são os mais perigosos assaltantes de bancos, haviam despojado suas empresas, embora jamais tenham sido filmados pelas câmaras de vigilância e nenhum alarme tenha disparado. E não houve maneira de evitar a derrocada geral. O mundo inteiro desmoronou, e até a Lua teve medo de perder o emprego e se ver forçada a procurar outro céu.

Os magos de Wall Street, especialistas em vender castelos no ar, roubaram milhões de casas e de empregos, mas um único banqueiro foi preso. E, quando imploraram aos berros uma ajudinha pelo amor de Deus, receberam, pelo mérito de seu labor, a maior recompensa jamais concedida na história humana.

Essa dinheirama teria bastado para alimentar todos os famintos do mundo, com sobremesa e tudo, daqui até a eternidade. Ninguém pensou nisso.

Setembro

16

Baile de máscaras

Às duas da manhã de hoje, no ano de 1810, Miguel Hidalgo gritou o grito que abriu caminho para a independência do México.

Quando o grito ia cumprir um século, em 1910, o ditador Porfirio Díaz antecipou em um dia a celebração, para que coincidisse com o seu aniversário; e o Centenário foi uma enorme festança.

A cidade do México, lustrada e maquiada, recebeu os distintos convidados de mais de trinta países, chapéus de copa, chapéus de plumas, leques, luvas, ouros, sedas, discursos... O Comitê de Damas escondeu os mendigos e calçou os meninos de rua. Os índios foram vestidos, calças distribuídas de graça, enquanto era proibido o ingresso dos que vestiam seus tradicionais calções de estopa. Dom Porfírio colocou a pedra fundamental do cárcere de Lecumberri, e solenemente inaugurou o Manicômio Geral, com capacidade para mil loucos.

Um desfile impressionante relatou a história nacional. Um aluno da Escola Dentária representou Hernan Cortez, o primeiro voluntário que veio para melhorar a raça, e um índio triste desfilou disfarçado de imperador Montezuma. Uma corte francesa, ao estilo Luís XVI, ocupou o carro alegórico que arrancou mais ovação.

Setembro

17

Libertadoras mexicanas

E acabou-se a festa do Centenário, e todo esse lixo fulgurante foi varrido.
E explodiu a revolução.
A história recorda os chefes revolucionários Zapata, Villa e outros machos muito machos. As mulheres, que viveram em silêncio, foram para o esquecimento.
Algumas poucas guerreiras se negaram a ser apagadas:
Juana Ramona, a Tigresa, que tomou várias cidades de assalto;
Carmen Vélez, a Generala, que dirigiu trezentos homens;
Ângela Jiménez, mestre em dinamite, que dizia ser Ángel Jiménez;
Encarnación Mares, que cortou as tranças e chegou a ser subtenente escondendo-se debaixo da aba do chapelão, *para que não se veja a mulher em meus olhos*;
Amélia Robles, que precisou ser Amelio e chegou a coronel;
Petra Ruiz, que precisou ser Pedro, a que mais bala mandou para abrir as portas da cidade do México;
Rosa Bobadilla, fêmea que se negou a ser homem e com seu nome lutou mais de cem batalhas;
e Maria Quinteras, que tinha feito pacto com o Diabo e não perdeu uma única batalha. Os homens obedeciam suas ordens. Entre eles, seu marido.

Setembro

18

A primeira doutora

Em 1915, morreu Susan La Flesche.

Aos vinte e cinco anos, Susan tinha sido a primeira indígena doutorada em medicina nos Estados Unidos. Até então, não havia um único médico na reserva onde malviviam os índios omahas.

Susan foi a primeira e única, médica de todos, nos dias e nas noites, sozinha na neve e no sol. E ela foi capaz de combinar a medicina aprendida com a sabedoria herdada, as terapias da universidade e as receitas de seus avós, para que a vida dos omahas doesse menos e durasse mais.

Setembro

19

A primeira almiranta

A Batalha de Salamina terminou cinco séculos antes de Cristo.

Artemisa, primeira almiranta da história universal, tinha avisado a Xerxes, rei da Pérsia: o estreito de Dardanelo era um mau lugar para que as pesadas naus persas combatessem os ágeis trirremes gregos.

Xerxes não a escutou.

Mas em plena batalha, quando sua frota estava levando tremenda sova, não teve outro remédio a não ser deixar o comando nas mãos de Artemisa, e assim conseguiu salvar, pelo menos, alguns barcos e alguma honra.

Xerxes, envergonhado, reconheceu:

— *Os homens se transformaram em mulheres, e as mulheres em homens.*

Enquanto isso, longe dali, um menino chamado Heródoto cumpria seus primeiros cinco anos de vida.

Tempos depois, ele contou essa história.

Setembro

20

Campeãs

No ano de 2003, foi disputado o terceiro campeonato mundial de futebol feminino.

No fim do torneio, as jogadoras alemãs foram campeãs; e no ano de 2007 novamente ergueram o troféu mundial.

Elas não tinham percorrido um caminho de rosas.

De 1955 a 1970, o futebol tinha sido proibido para as mulheres alemãs.

A Associação Alemã de Futebol havia explicado a razão:

Na luta pela bola, desaparece a elegância feminina, e o corpo e a alma sofrem danos. A exibição do corpo ofende o pudor.

Setembro

21

Profeta de si

Girolamo Cardano escreveu tratados de álgebra e de medicina, encontrou a solução para algumas equações insolúveis, descreveu pela primeira vez a febre tifoide, investigou as causas da alergia e foi o inventor de alguns instrumentos que os navegantes ainda usam.

Além disso, nas horas livres, lançava profecias.

Quando consultou o mapa astral de Jesus de Nazaré e disse que seu destino estava escrito nas estrelas, a Santa Inquisição o aprisionou.

Quando saiu do cárcere, Girolamo anunciou:

– *Vou morrer no dia 21 de setembro de 1576.*

Desde que formulou a profecia, parou de comer.

E acertou.

Setembro

22

Dia sem Automóveis

Os ecologistas e outros irresponsáveis propõem que por um dia, no dia de hoje, os automóveis desapareçam do mundo.

Um dia sem automóveis? E se o exemplo se contagia e esse dia passa a ser todos os dias?

Que Deus não permita, e o Diabo tampouco.

Os hospitais e os cemitérios perderiam sua clientela mais numerosa.

As ruas se encheriam de ciclistas ridículos e patéticos pedestres.

Os pulmões já não poderiam respirar o mais saboroso dos venenos.

As pernas, que tinham se esquecido de caminhar, tropeçariam em qualquer pedrinha.

O silêncio aturdiria os ouvidos.

As autopistas seriam desertos deprimentes.

As rádios, as televisões, as revistas e os jornais perderiam seus mais generosos anunciantes.

Os países petroleiros ficariam condenados à miséria.

O milho e a cana-de-açúcar, agora transformados em comida de automóveis, regressariam ao humilde prato humano.

Setembro

23

Navegações

Era chamada de Mulata de Córdoba, não se sabe por quê. Mulata era, mas havia nascido no porto de Veracruz, e lá vivia desde sempre.

Dizia-se que era feiticeira. Lá pelo ano de 1600 e qualquer coisa, o toque de suas mãos curava os enfermos e enlouquecia os sãos.

Suspeitando que o Demônio a habitasse, a Santa Inquisição trancou-a na fortaleza da ilha de San Juan de Ulúa.

Em sua cela, ela encontrou um carvão, que algum fogo antigo havia deixado lá.

Com esse carvão se pôs a rabiscar a parede; e sua mão desenhou, sem querer querendo, um barco. E o barco se soltou da parede e o mar aberto levou a prisioneira.

Setembro

24

O mago inventor

No ano de 1912, o mago Houdini estreou, no circo Busch de Berlim, seu novo espetáculo:

A câmara de tortura aquática!
O invento mais original desta época e de todas as épocas!

Era um tanque cheio de água até a boca, hermeticamente lacrado, onde Houdini se submergia, de boca para baixo, com grilhões que atavam suas mãos e seus tornozelos. O público podia ver, através de uma parede de vidro, Houdini metido na água sem respirar, até que, no fim de um tempo longo feito séculos, o afogado emergia do tanque.

Houdini não suspeitava que muitos anos depois essa asfixia seria a tortura preferida das ditaduras latino-americanas, e a mais elogiada pelo especialista George W. Bush.

Setembro

25

O sábio perguntador

Miguel Ignacio Lillo não estudou na universidade; mas soube reunir, livro atrás de livro, uma biblioteca científica que ocupava a casa inteira.

Num dia como hoje, lá por 1915, alguns estudantes tucumanos passaram a tarde inteira nessa casa de livros, e quiseram saber como dom Miguel fazia para conservá-los tão bem.

– *Meus livros tomam ar* – explicou o sábio. – *Eu abro meus livros. Abro e pergunto. Ler é perguntar.*

Dom Miguel perguntava aos livros, e muito mais perguntava à terra.

Pelo prazer de andar perguntando, percorreu a cavalo todo o Norte argentino, palmo a palmo, passo a passo, e assim conheceu segredos que o mapa escondia, antigos dizeres e viveres, os cantos dos pássaros que as cidades ignoravam, as farmácias silvestres que se ofereciam no campo aberto.

Não são poucas as aves e as plantas que ele batizou.

Setembro

26

Como era esse mundo quando começava a ser mundo?

Florentino Ameghino foi outro sábio perguntador. Paleontólogo desde a infância, era ainda menino quando, lá por 1865, armou seu primeiro gigante pré-histórico num povoado da província de Buenos Aires. Num dia como hoje emergiu carregado de ossos, do fundo de uma cova profunda, e na rua foi colocando mandíbulas, vértebras, cadeiras...
– *É um monstro da época mesozoica* – explicou aos vizinhos. – *Muito antigo. Vocês nem imaginam.*
E às suas costas dona Valentina, a açougueira, não conseguiu segurar o riso:
– *Mas meu filho... São ossos de raposa!*
E eram.
Isso não o desanimou.
Ao longo de sua vida reuniu sessenta mil ossos de nove mil animais extintos, reais ou imaginários, e escreveu dezenove mil páginas que valeram a ele a medalha de ouro e o diploma de honra da Exposição Universal de Paris.

Setembro

27

Pompas fúnebres

Durante as onze presidências de Antonio López de Santa Anna, o México perdeu metade do seu território e o presidente perdeu uma perna.

Meio México foi almoçado pelo vizinho do norte, após algumas batalhas e a troco de quinze milhões de dólares, e a perna, caída em combate, foi enterrada no dia de hoje de 1842, com honras militares, no cemitério Santa Paula.

O presidente, chamado de Herói, Águia, Benemérito, Guerreiro Imortal, Pai da Pátria, Alteza Sereníssima, Napoleão do Oeste e César Mexicano, vivia numa mansão em Xalapa que mais parecia um palácio de Versalhes.

O presidente havia trazido de Paris todos os móveis e os enfeites e os enfeitinhos. No dormitório tinha um enorme espelho, curvilíneo, que melhorava quem se contemplava nele. Cada manhã, ao despertar, ele parava na frente do espelho mágico que devolvia a imagem de um cavalheiro alto e elegante. E honesto.

Setembro

28

Receita para tranquilizar os leitores

Hoje é o dia internacionalmente consagrado ao direito humano à informação.

Talvez seja oportuno recordar que, um mês e pouco depois que as bombas atômicas aniquilaram Hiroshima e Nagasaki, o jornal *The New York Times* desmentiu os rumores que estavam assustando o mundo. No dia 12 de setembro de 1945, esse jornal publicou, na primeira página, um artigo assinado pelo seu redator de temas científicos, William L. Laurence. O artigo batia de frente nas versões alarmistas e assegurava que não havia radiação alguma nessas cidades arrasadas, e que a tal radioatividade não passava de *uma mentira da propaganda japonesa*.

Graças a essa revelação, Laurence ganhou o prêmio Pulitzer.

Tempos depois, soube-se que ele recebia dois salários mensais: o *The New York Times* pagava um, e o outro corria por conta do orçamento militar dos Estados Unidos.

Setembro

29

Um precedente perigoso

Em 1948, Seretse Khama, o príncipe negro de Botsuana, se casou com Ruth Williams, que era inglesa e branca.

Ninguém gostou da notícia. E a coroa britânica, dona e senhora de boa parte da África negra, nomeou uma comissão de especialistas para estudar o assunto. *O matrimônio entre duas raças estabelece um precedente perigoso*, determinou a comissão do reino britânico, e o casal foi condenado ao exílio.

Khama encabeçou, do desterro, a luta pela independência de Botsuana. Em 1966, se transformou no primeiro presidente, eleito por ampla maioria, em votação indiscutível.

Então recebeu, em Londres, o título de *sir*.

Setembro

30

Dia dos Tradutores

Do sul de Veracruz, um rapaz se lançou no caminho.

No regresso, anos depois, o pai quis saber o que ele havia aprendido.

O filho respondeu:

– *Sou tradutor. Aprendi o idioma dos pássaros.*

E quando um pássaro cantou, o pai exigiu:

– *Se você não for um mentiroso de merda, me diga o que esse pássaro disse.*

O filho negou, suplicou é melhor não saber, você não vai gostar de saber; mas no fim, forçado, traduziu o canto do pássaro.

E o pai empalideceu. E o expulsou de casa.

Outubro

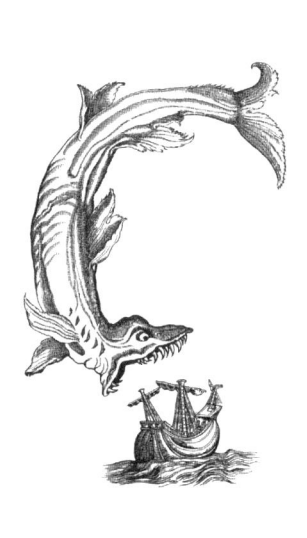

Outubro

1

A ilha esvaziada

— *As gaivotas serão a única população indígena* — havia anunciado o governo britânico.

E em 1966, cumpriu a palavra.

Todos os habitantes da ilha Diego García, a não ser as gaivotas, foram mandados ao desterro, a golpes de baioneta e a tiros.

E o governo britânico alugou a ilha esvaziada aos Estados Unidos, por meio século.

E esse paraíso de areias brancas, no meio do oceano Índico, se transformou em base militar, estação de satélites espiões, cárcere flutuante e câmara de tortura para os suspeitos de terrorismo, e plataforma de lançamento para a aniquilação dos países que merecem castigo.

Também conta com um campo de golfe.

Outubro

2

Este mundo apaixonado pela morte

Hoje, Dia Internacional da Não Violência, pode ser útil recordar uma frase do general Dwight Eisenhower, que não era exatamente um militante pacifista. Em 1953, sendo presidente da nação que mais dinheiro gasta em armas, reconheceu:

– *Cada uma das armas fabricadas, cada navio de guerra que é posto para navegar, cada projétil que é disparado é um roubo aos famintos que não têm comida e aos despidos que não têm abrigo.*

Outubro

3

Para cachear o cacheado

Em 1905, o cabeleireiro alemão Karl Nessler inventou a permanente.

A experiência esteve a ponto de incinerar a cabeça da sua mulher, abnegada mártir da Ciência, até que finalmente Karl encontrou a fórmula perfeita para criar cachos e mantê-los cacheados, durante dois dias na realidade e durante algumas semanas na publicidade.

Então, ele pôs um nome francês, Charles, para outorgar fineza ao produto.

Com o passar do tempo, os cachos deixaram de ser um privilégio feminino.

Alguns homens se atreveram.

Nós, os calvos, nem pensar.

Outubro

4

Dia dos Animais

Até algum tempo atrás, muitos europeus suspeitavam que os animais fossem demônios disfarçados.

As execuções dos bichos endemoniados, pela forca ou pelo fogo, eram espetáculos públicos tão exitosos como a queimação das bruxas amantes de Satã.

No dia 18 de abril de 1499, na abadia francesa de Josafat, perto de Chartres, um porco de três meses de idade foi levado a um processo criminal.

Como todos os porcos, ele não tinha alma nem razão, e havia nascido para ser comido. Mas em lugar de ser comido, comeu: foi acusado de ter almoçado um bebê.

A acusação não estava baseada em nenhuma evidência.

Na falta de provas, o porquinho passou a ser culpado quando o promotor, Jean Levoisier, formado em Direito, alcaide-mor do mosteiro de Saint Martin de Laon, revelou que a devoração tinha acontecido numa Sexta-Feira Santa.

Então, o juiz ditou a sentença. Pena capital.

Outubro

5

A última viagem de Colombo

Em 1992, a República Dominicana terminou de erguer o farol mais descomunal do mundo, tão alto que suas luzes perturbavam o sono de Deus.

O farol foi erguido em homenagem a Cristóvão Colombo, o almirante que inaugurou o turismo europeu no mar do Caribe.

Nas vésperas da cerimônia, as cinzas de Colombo foram levadas da catedral de São Domingos até o mausoléu construído ao pé do farol.

Enquanto acontecia a mudança das cinzas, faleceu de morte súbita Emma Balaguer, que havia dirigido as obras, e despencou o palco onde o papa de Roma daria a bênção.

Alguns malpensantes confirmaram, assim, que Colombo dá azar.

Outubro

6

As últimas viagens de Cortez

Em 1547, quando sentiu que a morte estava fazendo cócegas, Hernan Cortez mandou que o sepultassem no México, no convento de Coyoacán, que honraria sua memória. Quando morreu, o convento ainda era um vir a ser, e o defunto precisou ser alojado em diversos endereços de Sevilha.

Finalmente conseguiu lugar num navio que o levou para o México, onde encontrou residência, junto à sua mãe, na igreja de São Francisco de Texcoco. Dali passou a outra igreja, junto ao último de seus filhos, até que o vice-rei ordenou que se mudasse para o Hospital de Jesus e ficasse por lá, guardado em lugar secreto, a salvo dos patriotas mexicanos loucos de vontade de profaná-lo.

A chave da urna foi passando de mão em mão, de frei em frei, durante mais de um século e meio, até que, não faz muito tempo, os cientistas mortólogos confirmaram que aquela péssima dentadura e aqueles ossos marcados pela sífilis eram tudo o que sobrou do corpo do conquistador do México.

Da alma, ninguém sabe nada. Dizem que dizem que Cortez tinha encarregado essa tarefa a um almeiro de Usumacinta, um índio chamado Tomás, que tinha um almário onde guardava, em vidrinhos, as almas idas no último suspiro; mas isso jamais pôde ser confirmado.

Outubro

7

As últimas viagens de Pizarro

Os cientistas que identificaram Hernan Cortez também confirmaram que Francisco Pizarro reside em Lima. É dele essa ossatura, crivada pelas estocadas e amassada pelos golpes, que atrai os turistas.

Pizarro, criador de porcos na Espanha e marquês na América, foi assassinado em 1541 por seus colegas conquistadores, quando heroicamente disputavam o butim do império dos incas.

Foi enterrado às escondidas, no pátio de fora da catedral.

Quatro anos mais tarde, o deixaram entrar. Encontrou lugar debaixo do altar-mor, até que se perdeu num terremoto.

E perdido andou, por muito tempo.

Em 1891, uma multidão de admiradores conseguiu contemplar sua múmia, numa urna de cristal; pouco depois, todos ficaram sabendo que aquela múmia impostora se fazia passar por Pizarro, mas não era.

Em 1977, os pedreiros que estavam reparando a cripta da catedral encontraram um crânio, que certa vez tinha sido atribuído ao herói. Sete anos mais tarde, um corpo acudiu ao encontro do crânio, e Pizarro, finalmente inteiro, foi levado com grande pompa para uma capela ardente na catedral.

E a partir de então é exibido em Lima, a cidade fundada por ele.

Outubro

8

Os três

Em 1967, mil e setecentos soldados encurralaram Che Guevara e seus pouquinhos guerrilheiros na Bolívia, na Quebrada de Yuro. Che, prisioneiro, foi assassinado no dia seguinte.

Em 1919, Emiliano Zapata tinha sido crivado de balas no México.

Em 1934, mataram Augusto César Sandino na Nicarágua.

Os três tinham a mesma idade, estavam a ponto de fazer quarenta anos.

Os três caíram a tiros, a traição, em emboscadas.

Os três, latino-americanos do século XX, compartilharam o mapa e o tempo.

E os três foram castigados por se negarem a repetir a história.

Outubro

9

Eu vi ele e vi que ele me via

Em 1967, quando Che Guevara jazia na escola de La Higuera, assassinado por ordem dos generais bolivianos e por seus mandantes distantes, uma mulher contou o que havia visto. Ela era uma a mais, camponesa entre muitos camponeses que entraram na escola e caminharam, lentamente, ao redor do morto:

– *A gente passava por ali e ele olhava para a gente* – disse. – *A gente passava e ele olhava. Ele sempre olhava para a gente. Era muito simpático.*

Outubro

10

O Padrinho

Pelo que me contaram meus amigos sicilianos, dom Genco Russo, *capo dei cappi* da máfia, chegou ao encontro com um estudado atraso de duas horas e meia.

Em Palermo, no hotel Sole, Frank Sinatra esperava por ele.

E naquele meio-dia de 1963, o ídolo de Hollywood prestou reverência ao monarca da Sicília: Frank Sinatra se ajoelhou diante de dom Genco e beijou sua mão direita.

No mundo inteiro, Sinatra era The Voice, A Voz, mas, na terra de seus antepassados, mais importante que a voz era o silêncio.

O alho, símbolo do silêncio, é um dos quatro elementos sagrados na missa da mesa mafiosa: os outros são o pão, símbolo da união; o sal, emblema da coragem, e o vinho, que é o sangue.

Outubro

11

A dama que atravessou três séculos

Alice nasceu escrava, em 1686, e escrava viveu cento e dezesseis anos.

Quando morreu, em 1802, morreu com ela uma parte da memória dos africanos na América. Alice não sabia ler nem escrever, mas estava toda cheia de vozes que contavam e cantavam lendas vindas de longe e também histórias vividas de perto. Algumas dessas histórias vinham dos escravos que ela ajudava a fugir.

Aos noventa anos, ficou cega.

Aos cento e dois, recuperou a visão:

– *Foi Deus* – disse. – *Ele não podia me falhar.*

Era chamada de Alice do Ferry Dunks. Ao serviço de seu dono, trabalhava no ferry que levava e trazia passageiros pelo rio Delaware.

Quando os passageiros, sempre brancos, debochavam daquela velha velhíssima, ela os deixava abandonados na outra margem do rio. Eles a chamavam aos gritos, mas não tinha jeito. Era surda a que havia sido cega.

Outubro

12

O Descobrimento

Em 1492, os nativos descobriram que eram índios, descobriram que viviam na América,
descobriram que estavam nus,
descobriram que deviam obediência a um rei e a uma rainha de outro mundo e a um deus de outro céu,
e que esse deus havia inventado a culpa e o vestido
e que havia mandado que fosse queimado vivo quem adorasse o Sol e a Lua e a terra e a chuva que molha essa terra.

Outubro

13

Os robôs alados

Boa notícia. No dia de hoje do ano de 2011 os chefes militares do mundo informaram que os drones poderão continuar matando gente.

Esses aviões sem piloto, tripulados por ninguém, dirigidos por controle remoto, gozam de boa saúde: o vírus que os atacou não foi nada além de moléstia passageira.

Até agora, os drones jogaram suas chuvas de bombas sobre vítimas indefesas no Afeganistão, no Iraque, no Paquistão, na Líbia, no Iêmen e na Palestina, e outros países esperam pelos seus serviços.

Na era das ciberguerras, os drones são os guerreiros perfeitos. Matam sem remorso, obedecem sem chiar e jamais delatam seus chefes.

Outubro

14

Uma derrota da Civilização

No ano de 2002, fecharam as portas os oito restaurantes McDonald's na Bolívia.

Apenas cinco anos durou essa missão civilizadora.

Ninguém a proibiu. Aconteceu simplesmente que os bolivianos lhes deram as costas, ou melhor, se negaram a dar-lhes a boca. Os ingratos se negaram a reconhecer o gesto da empresa mais exitosa do planeta, que desinteressadamente honrava o país com sua presença.

O amor ao atraso impediu que a Bolívia se atualizasse com a comida de plástico e os vertiginosos ritmos da vida moderna.

As empanadas caseiras derrotaram o progresso. Os bolivianos continuam comendo sem pressa, em lentas cerimônias, teimosamente apegados aos antigos sabores nascidos no fogão familiar.

Foi-se embora, para nunca mais, a empresa que no mundo inteiro se dedica a dar felicidade para as crianças, a mandar embora os trabalhadores que se sindicalizam e a multiplicar os gordos.

Outubro

15

Sem milho não há país

No ano de 2009, o governo do México autorizou o plantio, *experimental e limitado,* de milho transgênico.

Um clamor de protesto se ergueu dos campos. Ninguém ignorava que os ventos se ocupariam de propagar a invasão, até que o milho transgênico se transformasse em fatalidade do destino.

Alimentadas pelo milho, tinham crescido muitas das primeiras aldeias na América: o milho era gente, gente era milho, e o milho tinha, como as pessoas, todas as cores e sabores.

Poderão os filhos do milho, os que fazem o milho que os fez, resistir ao ataque da indústria química, que impõe no mundo sua venenosa ditadura? Ou terminaremos aceitando, em toda a América, esta mercadoria que diz que se chama milho mas tem uma cor só e não tem sabor nem memória?

Outubro

16

Ele acreditou que a justiça era justa

O jurista inglês John Cooke defendeu aqueles de quem ninguém gostava e atacou aqueles com quem ninguém podia.

E graças a ele, pela primeira vez na história, a lei humana humilhou a divina monarquia: em 1649, o promotor Cooke acusou o rei Carlos I, e suas palavras certeiras convenceram o júri. O rei foi condenado, por delitos de tirania, e o verdugo cortou sua cabeça.

Alguns anos depois, o promotor pagou a conta. Foi acusado de regicídio, e acabou trancado na Torre de Londres. Ele se defendeu dizendo:

– *Eu apliquei a lei.*

Esse erro lhe custou a vida. Qualquer jurista deve saber que a lei vive para cima e cospe para baixo.

No dia de hoje de 1660, Cooke foi enforcado e esquartejado na mesma sala onde havia desafiado o poder.

Outubro

17

Guerras caladas

Hoje é o Dia contra a Pobreza.

A pobreza não explode como as bombas, nem ecoa como os tiros.

Dos pobres, sabemos tudo: em que não trabalham, o que não comem, quanto não pesam, quanto não medem, o que não têm, o que não pensam, em quem não votam, em que não creem.

Só nos falta saber por que os pobres são pobres.

Será por que sua nudez nos veste e sua fome nos dá de comer?

Outubro

18

As mulheres são pessoas

No dia de hoje do ano de 1929, a lei reconheceu, pela primeira vez, que as mulheres do Canadá são pessoas.

Até esse dia, elas achavam que eram, mas a lei achava que não.

A definição legal de pessoa não inclui as mulheres, havia sentenciado a Suprema Corte de Justiça.

Emily Murphy, Nellie McClung, Irene Parlby, Henrietta Edwards e Louise McKinney conspiravam enquanto tomavam chá.

Elas derrotaram a Suprema Corte.

Outubro

19

Invisíveis

Há dois mil e quinhentos anos, no alvorecer de um dia como hoje, Sócrates passeava com Glauco, irmão de Platão, nos arredores do Pireu.

Glauco então contou a história de um pastor do reino da Lídia, que certa vez encontrou um anel, colocou-o no dedo e num instante percebeu que ninguém o via. Aquele anel mágico o tornava invisível aos olhos dos outros.

Sócrates e Glauco filosofaram longamente sobre as derivações éticas dessa história. Mas nenhum dos dois se perguntou por que as mulheres e os escravos eram invisíveis na Grécia, embora não usassem anéis mágicos.

Outubro

20

O profeta Yale

Em 1843, Linus Yale patenteou a fechadura mais invulnerável de todas, inspirada num invento egípcio que tinha quatro mil anos.

A partir daquele momento, Yale garantiu as portas e portões de todos os países, e foi o melhor guardião do direito à propriedade.

Em nossos dias, as cidades, enfermas de pânico, são fechaduras gigantescas.

As chaves estão em poucas mãos.

Outubro

21

Explodi-vos uns aos outros

Lá pelo ano de 630 e pouco, um célebre médico e alquimista chinês chamado Sun Simiao misturou nitrato de potássio, salitre, enxofre, carvão de lenha, mel e arsênico. Estava procurando o elixir da vida eterna, mas encontrou um instrumento de morte.

Em 1867, o químico sueco Alfred Nobel patenteou a dinamite em seu país.

Em 1876, patenteou a gelatina explosiva.

Em 1895, criou o Prêmio Nobel da Paz. Como seu nome indica, o prêmio nasceu destinado a recompensar os militantes pacifistas. Foi financiado por uma fortuna colhida nos campos de batalha.

Outubro

22

Dia da Medicina Natural

Os índios navajos curam cantando e pintando.

Essas artes medicinais, sagrado alento contra o desalento, acompanham o trabalho das ervas, da água e dos deuses.

Durante nove noites, noite após noite, o enfermo escuta o canto que espanta as sombras más que se meteram em seu corpo, enquanto os dedos do pintor pintam na areia flechas, sóis, luas, aves, arco-íris, raios, serpentes e tudo o que ajuda a curar.

Concluídas as cerimônias de cura, o paciente volta para casa, os cantos se desvanecem e a areia pintada voa.

Outubro

23

Cantar

Nas noites cálidas do sul do mundo, tempo de primavera, os grilos chamam as grilas.
Chamam esfregando suas quatro asas.
Essas asas não sabem voar. Mas sabem cantar.

Outubro

24

Ver

Os cientistas não o levavam a sério. Antonie van Leeuwenhoek não falava latim, não tinha estudos, e seus descobrimentos eram frutos da casualidade.

Antonie começou ensaiando combinações de lupas, para ver melhor a trama dos tecidos que vendia, e de lupa em lupa inventou um microscópio de quinhentas lentes capaz de ver, numa gota d'água, uma multidão de bichinhos que corriam a toda velocidade.

Esse mercador de tecidos descobriu, entre outras trivialidades, os glóbulos vermelhos, as bactérias, os espermatozoides, as leveduras, o ciclo vital das formigas, a vida sexual das pulgas e a anatomia dos aguilhões das abelhas.

Na mesma cidade, em Delft, haviam nascido, no mesmo mês do ano de 1632, Antonie e Vermeer, o artista pintor. E na mesma cidade se dedicaram a ver o invisível. Vermeer perseguia as luzes que nas sombras se escondiam, e Antonie espiava os segredos de nossos mais diminutos parentes no reino deste mundo.

Outubro

25

Homem teimoso

Pouco valia, na Colômbia, a vida de um homem. A de um camponês, quase nada. Nada valia a vida de um índio; e a vida de um índio rebelde, menos que nada.

E no entanto, inexplicavelmente, Quintín Lame morreu de velho, em 1967.

Havia nascido nesse dia de 1880, e tinha vivido seus muitos anos preso ou lutando.

Em Tolima, um dos cenários de seus passos errantes, foi encarcerado cento e oito vezes.

Nas fotos policiais aparecia sempre com os olhos roxos, pelos cumprimentos de entrada, e a cabeça rapada, para tirar suas forças.

Os donos da terra tremiam ao escutar seu nome, e estava na cara que também a morte tinha medo dele. Homem de falar manso e gestos delicados, Quintín percorria a Colômbia sublevando os povoados indígenas:

– *Nós não viemos, feito porco sem coleira, nos meter em plantações alheias. Esta terra é nossa terra* – dizia Quintín, e seus discursos eram lições de história. Ele contava o passado daquele presente, o porquê e o quando de tanta desdita: a partir do antes, podia-se ir inventando um outro depois.

Outubro

26

Guerra a favor das drogas

Depois de vinte anos de tiros de canhão e milhares e milhares de chineses mortos, a rainha Vitória cantou vitória: a China, que proibia as drogas, abriu suas portas ao ópio que os mercadores ingleses vendiam.

Enquanto se incendiavam os palácios imperiais, o príncipe Gong assinou a rendição, em 1860.

Foi um triunfo da liberdade: da liberdade de comércio.

Outubro

27

Guerra contra as drogas

Em 1986, o presidente Ronald Reagan pegou a bandeira que Richard Nixon havia erguido alguns anos antes, e a guerra contra as drogas recebeu um impulso multimilionário.

A partir de então, aumentaram seus lucros os narcotraficantes e os grandes bancos que lavam seu dinheiro;

as drogas, mais concentradas, matam o dobro de gente que antes matavam;

a cada semana se inaugura uma nova prisão nos Estados Unidos, porque os drogados se multiplicam na nação que mais drogados tem;

o Afeganistão, país invadido e ocupado pelos Estados Unidos, passou a abastecer quase toda a heroína que o mundo compra;

e a guerra contra as drogas, que fez da Colômbia uma grande base militar norte-americana, está transformando o México num enlouquecido matadouro.

Outubro

28

As loucuras de Simón

Hoje nasceu em Caracas, em 1769, Simón Rodríguez.

A Igreja o batizou como *párvulo expósito*, filho de ninguém, mas foi o mais lúcido filho da América hispânica.

Como castigo para sua lucidez, era chamado de *O Louco*. Ele dizia que nossos países não são livres, embora tenham hino e bandeira, porque livres são os que criam, e não os que copiam, e livres são os que pensam, e não os que obedecem. Ensinar, dizia *O Louco*, é ensinar a duvidar.

Outubro

29

Homem de bom coração

Em 1981, num gesto de generosidade que faz jus à sua memória, o general Augusto Pinochet vendeu a preço de presente os rios, os lagos e as águas subterrâneas do Chile.

Algumas empresas mineradoras, como a suíça Xstrata, e empresas elétricas, como a espanhola Endesa e a norte-americana AESGener, se fizeram donas, para a perpetuidade, dos rios mais caudalosos do Chile. A Endesa recebeu uma extensão de águas equivalente ao mapa da Bélgica.

Os camponeses e as comunidades indígenas perderam o direito à água, condenados a comprá-la, e a partir daí o deserto avança, comendo terras férteis, e vai se esvaziando de gente a paisagem rural.

Outubro

30

Os marcianos estão chegando!

Em 1938, aterrissaram naves espaciais no litoral dos Estados Unidos, e os marcianos se lançaram ao ataque. Tinham tentáculos ferozes, enormes olhos negros que disparavam raios ardentes, e uma babante boca em forma de V.

Muitos cidadãos apavorados saíram às ruas, enrolados em toalhas molhadas para se proteger do gás venenoso que os marcianos emitiam, e muitos mais preferiram se trancar com trancas e retrancas, bem armados, à espera do combate final.

Orson Welles tinha inventado essa invasão extraterrestre, e havia transmitido tudo pelo rádio.

A invasão era mentira, mas o medo era verdade.

E o medo continuou: os marcianos foram russos, coreanos, vietnamitas, cubanos, nicaraguenses, afegãos, iraquianos, iranianos...

Outubro

31

Os avós das caricaturas políticas

No ano de 1517, o monge alemão Martinho Lutero cravou suas palavras de desafio na porta da igreja do castelo de Wittenberg. Graças a uma invenção chamada prensa, essas palavras não ficaram ali. As *tesis* de Lutero chegaram às ruas e às praças e entraram nas casas, nas tabernas e nos templos da Alemanha e de outros lugares.

A fé protestante estava nascendo. Lutero atacava a ostentação e o esbanjamento da Igreja de Roma, a venda de entradas ao Paraíso, a hipócrita solteirice dos sacerdotes...

Não apenas por palavras eram difundidas essas heresias. Também por imagens, que chegavam a mais gente, porque poucos sabiam ler mas todos eram capazes de ver.

As gravuras que ajudavam a difundir os protestos de Lutero, obras de Lucas Cranach, Hans Holbein e outros artistas, não eram, digamos, muito amáveis: o papa aparecia como um monstruoso bezerro de ouro, ou como um burro com tetas de mulher e rabo de Diabo, ou era um gordo muito empetecado de joias que caía de cabeça nas chamas do Inferno.

Esses afiados instrumentos de propaganda religiosa, que tanto ajudaram na difusão massiva da rebelião luterana, fundaram, sem saber, as caricaturas políticas do nosso tempo.

Novembro

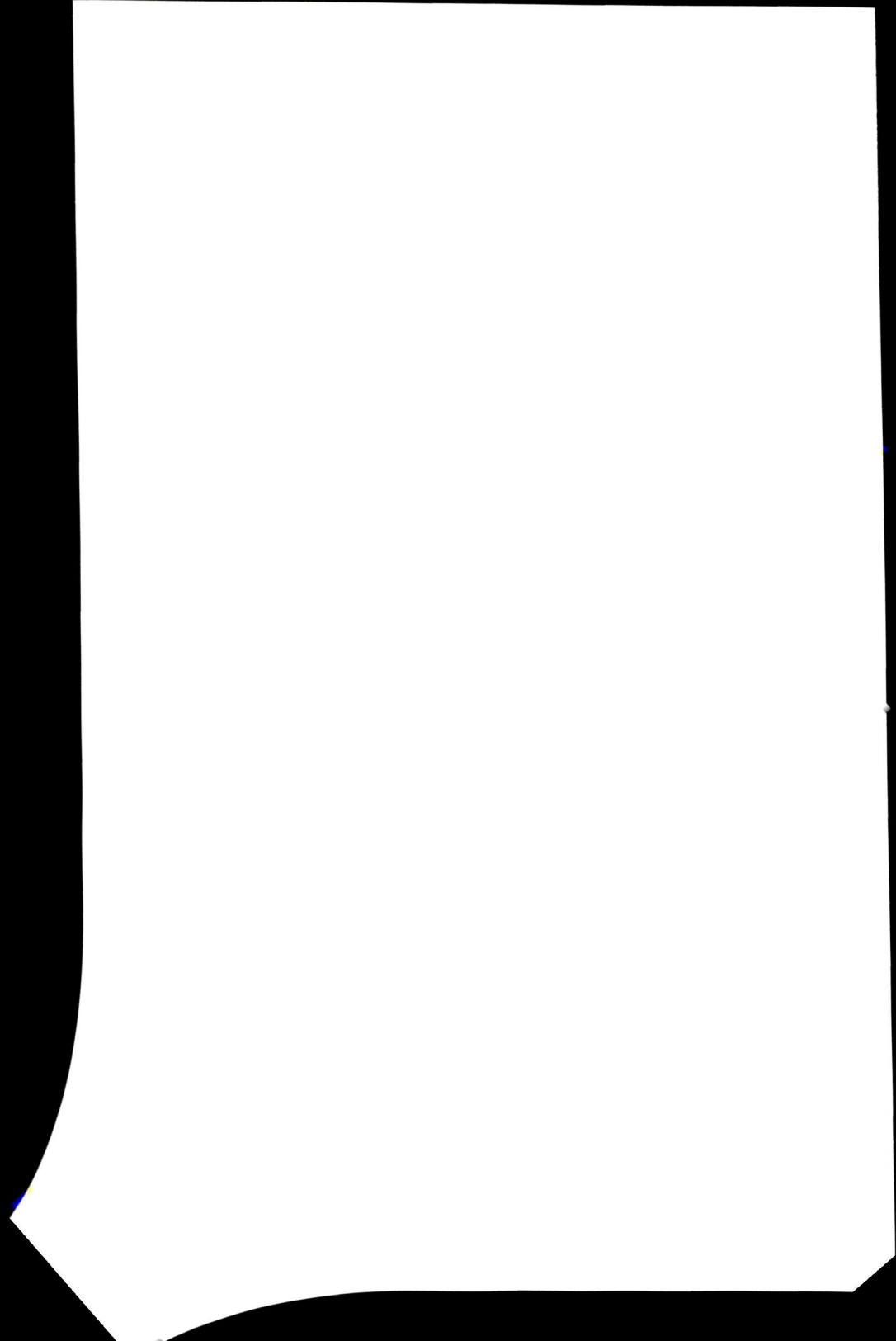

Novembro

1

Cuidado com os bichos

Em 1986, o mal da vaca louca golpeou os britânicos, e mais de dois milhões de vacas, suspeitas de contagiosa demência, foram castigadas com a pena capital.

Em 1997, a gripe do frango, difundida a partir de Hong Kong, semeou o pânico e condenou um milhão e meio de aves à morte precoce.

No ano de 2009, explodiu no México e nos Estados Unidos a febre porcina, e o planeta inteiro precisou se mascarar contra a peste.

Milhões de porcos, não se sabe quantos, foram sacrificados por tossir ou espirrar.

Quem tem a culpa pelas pestes humanas? Os animais.

Simples assim.

Em compensação, estão livres de qualquer suspeita os gigantes do agronegócio mundial, esses aprendizes de feiticeiros que transformam os alimentos em bombas químicas de alta periculosidade.

Novembro

2

Dia de Finados

No México, os vivos convidam os mortos, na noite de hoje de todo ano, e os mortos comem e bebem e dançam e ficam em dia com as intrigas e as novidades da vizinhança.

Mas no final da noite, quando os sinos e a primeira luz da alvorada lhes dizem adeus, alguns mortos se fazem de vivos e se escondem nas ramagens ou entre as tumbas do campo-santo. Então as pessoas os espantam a vassouradas: *vão embora de uma vez, deixem a gente em paz, não queremos ver vocês até o ano que vem.*

É que os defuntos são desse tipo de visita que gosta de ir ficando.

No Haiti, uma antiga tradição proíbe levar o ataúde em linha reta até o cemitério. O cortejo segue em zigue-zague e dando muitas voltas, por aqui, por ali e outra vez por aqui, para despistar o defunto, e para que ele não consiga mais encontrar o caminho de volta para casa.

No Haiti, como em todo lugar, os mortos são muitíssimos mais que os vivos.

A minoria vivente se defende do jeito que dá.

Novembro

3

A guilhotina

Não só os homens perdem a cabeça por causa dela. Também houve mulheres que a guilhotina matou e esqueceu, porque não eram tão importantes como a rainha Maria Antonieta.

Três casos exemplares:

Olympia de Gouges foi decapitada pela Revolução Francesa, em 1793, para que não continuasse acreditando que também as mulheres são cidadãs;

em 1943, Marie-Louise Giraud foi para o patíbulo, em Paris, por ter praticado abortos, *atos criminosos contra a família francesa*;

enquanto ao mesmo tempo, em Munique, a guilhotina cortava a cabeça de uma estudante, Sophie Scholl, por distribuir panfletos contra a guerra e contra Hitler:

— Que pena – disse Sophie. – Um dia tão lindo, com esse sol, e eu tendo de ir embora.

Novembro

4

O suicídio de Tenochtitlán

Quem conseguirá sitiar Tenochtitlán?, perguntavam os cânticos. *Quem poderá abalar os alicerces do céu?*

No ano de 1519, os mensageiros contaram a Montezuma, rei dos astecas, que uns seres estranhos, que cuspiam trovões e tinham peitos de metal, caras peludas e corpos de seis patas, vinham a caminho de Tenochtitlán.

Quatro dias mais tarde, o monarca deu-lhes as boas-vindas.

Eles tinham chegado pelo mesmo mar por onde tinha se afastado, em tempos longínquos, o deus Quetzalcóatl, e Montezuma achou que Hernan Cortez era o deus que regressava. E disse a ele:

– *Chegaste à tua terra.*

E entregou-lhe a coroa, e outorgou a ele oferendas de ouro, cisnes de ouro, tigres de ouro, máscaras de ouro, ouro e mais ouro.

Então, sem desembainhar a espada, Cortez o fez prisioneiro em seu próprio palácio.

Montezuma morreu apedrejado pelo seu povo.

Novembro

5

Uma enfermidade chamada trabalho

Em 1714 morreu, em Pádua, Bernardino Ramazzini. Era um médico estranho, que começava perguntando:
– *E em que você trabalha?*
Ninguém havia pensado que isso pudesse ter alguma importância.

A experiência permitiu a ele escrever o primeiro tratado de medicina do trabalho, onde descreveu, uma por uma, as doenças frequentes em mais de cinquenta ofícios. E comprovou que havia pouca esperança de cura para os trabalhadores que comiam fome, sem sol e sem descanso, em oficinas fechadas, irrespiráveis e imundas.

Novembro

6

O rei que não foi

O rei Carlos II nasceu em Madri, em 1661.

Em seus quarenta anos de vida, não conseguiu ficar em pé uma única vez, nem falar sem babar, nem manter a coroa em sua cabeça jamais visitada por ideia alguma.

Carlos era neto da sua tia, sua mãe era sobrinha de seu pai e seu bisavô era tio da sua bisavó: os Habsburgo eram caseiros.

Tanta devoção familiar acabou com eles.

Quando Carlos morreu, com ele morreu a sua dinastia na Espanha.

Novembro

7

Sonhos

Em 1619, René Descartes, ainda muito jovem, sonhou muito numa noite só.

Pelo que contou, no primeiro sonho caminhava torto e não conseguia se endireitar, lutando a duras penas contra o vento que violentamente o empurrava para o colégio e para a igreja.

No segundo sonho, um raio o arrancava da cama e o quarto se enchia de chispas que iluminavam tudo.

E no terceiro, ele abria uma enciclopédia, procurando um caminho para seguir na vida, mas faltavam páginas na enciclopédia.

Novembro

8

Imigrantes legais

Em avião particular voaram até Monterrey. E lá iniciaram, no ano de 2008, sua turnê triunfal. Foram declarados hóspedes de honra, e em nove carruagens passearam pelas avenidas.

Pareciam políticos triunfantes, mas não. Eram múmias. As múmias das vítimas da peste do cólera, que fazia mais de um século e meio tinha devastado a cidade de Guanajuato.

Onze mulheres, sete homens, cinco crianças e uma cabeça sem corpo, todos vestidos de festa, atravessaram a fronteira. Embora fossem múmias mexicanas, ninguém lhes pediu passaporte, nem foram acossadas pelos agentes de imigração.

E tranquilamente continuaram a viagem rumo a Los Angeles, Las Vegas e Chicago, onde desfilaram, ovacionadas, debaixo de arcos de flores.

Novembro

9

Proibido passar

Num dia como hoje, em 1989, morreu o muro de Berlim.
　Mas outros muros nasceram para que os invadidos não invadam os invasores,
　para que os africanos não recuperem os salários que seus escravos jamais receberam,
　para que os palestinos não regressem à pátria que roubaram deles,
　para que os saaráuis não entrem em sua terra usurpada,
　para que os mexicanos não pisem o imenso mapa que comeram deles.
　No ano de 2005, o homem-bala mais famoso nos circos do mundo, David Smith, protestou, à sua maneira, contra a humilhante muralha que separa o México dos Estados Unidos. Um enorme canhão o disparou, e das alturas do ar David conseguiu cair, são e salvo, no lado proibido da fronteira.
　Ele nasceu nos Estados Unidos, mas foi mexicano enquanto seu voo durou.

Novembro

10

Dia da Ciência

O médico brasileiro Drauzio Varella comprovou que o mundo investe cinco vezes menos dinheiro na cura do mal de Alzheimer do que em estímulos para a sexualidade masculina e em silicone para a beleza feminina.

– Daqui a alguns anos – profetizou –, *teremos velhas de tetas grandes e velhos de pênis duros, mas nenhum deles se lembrará para que servem.*

Novembro

11

Fiódor Dostoiévski nasceu duas vezes

Pela primeira vez nasceu em Moscou, no dia de hoje de 1821.

No final do ano de 1849 nasceu de novo, em São Petersburgo.

Dostoiévski estava preso fazia oito meses, esperando seu fuzilamento. No começo, não queria que acontecesse jamais. Depois, aceitava que acontecesse quando tivesse que acontecer. E no fim queria que acontecesse o quanto antes, que acontecesse já, porque pior que a morte era a espera.

E assim foi até a madrugada em que ele e os demais condenados arrastaram suas correntes até a praça Semenovsk, na beira do rio Neva.

E a voz de comando comandou, e ao primeiro grito os fuziladores vendaram os olhos de suas vítimas.

No segundo grito, ouviu-se o clique-claque das armas.

No terceiro grito, *Apontar*, soaram súplicas, gemidos, algum choro; e depois, silêncio.

E silêncio.

E mais silêncio, até que nesse silêncio de nunca acabar ouviu-se que o czar de todas as Rússias, em magnânimo gesto, havia dado o seu perdão.

Novembro

12

Não gosto que mintam para mim

Sóror Juana Inés de la Cruz, nascida no dia de hoje de 1651, foi a mais-mais.

Ninguém voou tão alto em sua terra e em seu tempo.

Ela entrou muito jovem no convento. Achou que o convento era menos cárcere que sua casa. Estava mal informada. Quando percebeu, já era tarde; e anos depois, morreu, condenada ao silêncio, a mulher que melhor dizia.

Seus carcereiros costumavam ser pródigos em louvações, que ela jamais acreditou.

Em certa ocasião, um artista da corte do vice-rei do México pintou um retrato dela que era assim como uma profecia do *photoshop*. Ela respondeu:

> *Este, em quem a lisonja pretendeu*
> *Eximir dos anos os horrores,*
> *E vencendo dos tempos os rigores*
> *Triunfar da velhice e do olvido,*
> *É uma néscia diligência errada,*
> *É um afã caduco, e vendo bem,*
> *É cadáver, é pó, é sombra, é nada.*

Novembro

13

O pai de Moby Dick

Em 1851 foi publicada, em Nova York, a primeira edição de *Moby Dick*.

Herman Melville, peregrino do mar e da terra, havia lançado alguns livros de êxito, mas *Moby Dick*, sua obra-prima, jamais esgotou essa edição, e suas obras seguintes não tiveram melhor sorte.

Melville morreu esquecido, quando já havia aprendido que o êxito e o fracasso são acidentes de duvidosa importância.

Novembro

14

A mãe das jornalistas

Na manhã de hoje de 1889, Nellie Bly começou sua viagem.

Júlio Verne não achava que aquela mulherzinha linda conseguisse dar a volta ao mundo, ela, sozinha, em menos de oitenta dias.

Mas Nellie abraçou o planeta em setenta e dois dias, enquanto ia publicando, reportagem após reportagem, o que via e vivia.

Aquele não era o primeiro desafio da jovem jornalista, nem foi o último.

Para escrever sobre o México, se mexicanizou tanto que o governo do México, assustado, a expulsou.

Para escrever sobre as fábricas, trabalhou como operária.

Para escrever sobre as prisões, se fez prender por roubo.

Para escrever sobre os manicômios, simulou loucura, e atuou tão bem que os médicos a declararam louca de pedra; e assim conseguiu denunciar os tratamentos psiquiátricos que padeceu, capazes de enlouquecer qualquer um.

Quando Nellie tinha vinte anos, em Pittsburgh, o jornalismo era coisa de homens.

Naquela época, ela cometeu a insolência de publicar suas primeiras reportagens.

Trinta anos depois publicou as últimas, desviando das balas na linha de fogo da Primeira Guerra Mundial.

Novembro

15

Hugo Blanco nasceu duas vezes

Em Cuzco, em 1934, Hugo Blanco nasceu pela primeira vez.
Chegou a um país, o Peru, partido em dois.
Ele nasceu no meio.
Era branco, mas se criou num povoado, Huanoquite, onde seus companheiros de brincadeiras e andanças falavam quéchua, e foi para uma escola em Cuzco, onde os índios não podiam caminhar pelas calçadas, reservadas a gente decente.
Hugo nasceu pela segunda vez quando tinha dez anos de vida. Na escola, recebeu notícias de seu povoado, e ficou sabendo que dom Bartolomé Paz havia marcado um peão índio com ferro em brasa. Esse dono de terras e gentes havia marcado a fogo suas iniciais, BP, na bunda do peão, chamado Francisco Zamata, porque ele não tinha cuidado bem das vacas da sua propriedade.
O fato não era tão anormal, mas essa marca marcou Hugo para sempre.
E com o passar dos anos, foi-se fazendo índio esse homem que não era, e organizou os sindicatos camponeses e pagou com paulatadas e torturas e cárcere e acosso e exílio a desgraça escolhida.
Numa de suas catorze greves de fome, quando já não aguentava mais, o governo, comovido, mandou para ele, de presente, um ataúde.

Novembro

16

Um investigador da vida

Como era muito míope, não teve outro jeito a não ser inventar lentes que fundaram a ótica moderna e um telescópio que descobriu uma estrela nova.

E como era muito olhador, olhando um floco de neve na palma da sua mão viu que a alma do gelo era uma estrela de seis pontas, seis, como seis são os lados dos favos das abelhas em suas colmeias, e com os olhos de sua razão viu que a forma hexagonal sabe usar o espaço da melhor maneira.

E na varanda de sua casa viu que não era circular a viagem de suas plantinhas na busca da luz, e deduziu que tampouco era circular a viagem dos planetas ao redor do Sol, e seu telescópio se pôs a medir as elipses que descrevem.

Vendo, viveu.

Quando deixou de ver, morreu, nesse dia de 1630.

A lápide de Johannes Kepler diz:

Medi os céus. Agora, meço as sombras.

Novembro

17

O outro ouvido

Hoje morreu, em 1959, o músico brasileiro Heitor Villa-Lobos.

Ele tinha dois ouvidos, o de dentro e o de fora.

Em seus anos moços, quando ganhava a vida tocando piano num puteiro do Rio de Janeiro, Villa-Lobos dava um jeito de ir compondo suas obras, como quem não quer nada: fechava o ouvido de fora para a barafunda de gargalhadas e bebedeiras, e ouvia o ouvido de dentro que se abria para escutar, nota a nota, sua música nascente.

Depois, nos anos maduros, o ouvido de dentro foi seu refúgio contra os insultos do público e os venenos dos críticos.

Novembro

18

O Zorro nasceu quatro vezes

Em 1615, nasceu pela primeira vez. Se chamava William Lamport, era ruivo, e era irlandês.

E nasceu novamente quando mudou de nome e de pátria, e era Guillén Lombardo, espanhol, capitão da armada espanhola.

E pela terceira vez nasceu transformado em herói da independência do México, e no ano de 1659 foi condenado à fogueira, e se enforcou antes de morrer na desonra do fogo.

Ressuscitou no século XX. Chamou-se Diego de la Vega, que punha máscara e virava o Zorro, espadachim justiceiro dos desamparados, que marcava com um Z a sua passagem.

Douglas Fairbanks, Tyrone Power, Alain Delon e Antonio Banderas empunharam sua espada em Hollywood.

Novembro

19

O musgo e a pedra

No amanhecer deste dia de 1915, Joe Hill foi fuzilado em Salt Lake City.

Esse estrangeiro agitador, que tinha mudado duas vezes de nome e mil vezes de ofício e domicílio, havia cometido as canções que acompanhavam as greves operárias dos Estados Unidos.

Nesta última noite, pediu a seus companheiros que não perdessem tempo chorando por ele:

Minha última vontade é fácil de cantar,
porque não tenho heranças para deixar:
minha liberdade é tudo o que deixo.
Não cria musgo, quando se move, o seixo.

Novembro

20

Crianças que dizem

Hoje é o Dia da Infância.

Saio para caminhar e cruzo com uma menina de dois anos, ou pouco mais, nessa idade em que somos todos pagãos.

A menina vem pulando, cumprimentando o verdor:
– *Alô, graminha!*
– *Bom dia, graminha!*

Depois, se detém para escutar os pássaros que cantam na copa de uma árvore. E aplaude.

E ao meio-dia deste dia, um menino de uns oito anos, talvez nove, me traz um presente. Vem à minha casa.

É uma pasta cheia de desenhos.

O presente vem dos alunos de uma escola de Montevidéu, do bairro de Cerrito de la Victoria. E o jovem artista me oferece o presente, explicando:
– *Esses desenhos somos nós.*

Novembro

21

O jogo mais triste da história

Em 1973, o Chile era um país prisioneiro da ditadura militar, e o Estádio Nacional tinha se transformado em campo de concentração e em câmara de torturas.

A seleção chilena ia disputar, contra a União Soviética, um jogo decisivo na fase classificatória do Mundial.

A ditadura de Pinochet decidiu que o jogo devia ser disputado no Estádio Nacional, fosse como fosse.

Os presos que o estádio prendia foram levados às pressas, e as máximas autoridades do futebol mundial inspecionaram o campo, a grama impecável, e deram sua bênção.

A seleção soviética se negou a jogar.

Compareceram dezoito mil entusiastas, que pagaram a entrada e ovacionaram o gol que Francisco Valdés meteu no arco vazio.

A seleção chilena jogou contra ninguém.

Novembro

22

Dia da Música

De acordo com o que contam os memoriosos, em outros tempos o sol foi dono da música, até que o vento a roubou.

A partir de então, para consolar o sol, os pássaros oferecem a ele concertos no começo e no fim de cada dia.

Mas os alados cantores não conseguem competir com os rugidos e gemidos dos motores que governam as grandes cidades. Pouco ou nada se ouve do canto dos pássaros. Em vão eles arrebentam o peito querendo se fazer ouvir, e o esforço para soar cada vez mais alto arruína seus trinados.

E as fêmeas já não reconhecem seus machos. Eles as chamam, virtuosos tenores, irresistíveis barítonos, mas no barulho urbano não dá para perceber quem é quem, e elas acabam aceitando o abrigo de asas estranhas.

Novembro

23

Avô

Hoje saiu da gráfica, em 1859, o primeiro exemplar de *A origem das espécies,* de Charles Darwin.

No manuscrito original, o livro tinha outro nome. Se chamava *Zoonomia*, em homenagem a uma obra do avô de Charles, Erasmus Darwin.

Dom Erasmus havia engendrado catorze filhos e vários livros. E, setenta anos antes que seu neto, tinha advertido que tudo o que na natureza brota, navega, caminha ou voa tem uma origem comum, e essa origem comum não era a mão de Deus.

Novembro

24

Avó

Em 1974, seus ossos apareceram nas colinas pedregosas da Etiópia.

Seus descobridores a chamaram de Lucy.

Graças à tecnologia mais avançada, foi possível calcular a sua idade, uns três milhões cento e setenta e cinco mil anos, um dia a mais, um dia a menos, e também sua estatura: era baixinha, media um metro e pouco.

O resto foi deduzido, ou talvez adivinhado: tinha o corpo bastante peludo, já não caminhava de quatro mas se balançava em andanças de chimpanzé, com as mãos quase roçando o chão, e mais do que do chão gostava mesmo era das copas das árvores.

Talvez tenha morrido afogada em algum rio.

Talvez fugisse de um leão ou de algum outro desconhecido que tenha se interessado por ela.

Havia nascido muito antes que o fogo e a palavra, mas talvez já falasse uma linguagem de gestos e ruídos que talvez dissessem, ou quisessem dizer, digamos,

sinto frio,

sinto fome,

não me deixem sozinha.

Novembro

25

Dia contra a Violência Doméstica

Na selva do Alto Paraná, as borboletas mais lindas se salvam se exibindo. Abrem suas asas negras, alegradas por pinceladas vermelhas ou amarelas, e de flor em flor borboleteiam sem a menor preocupação. Depois de milhares e milhares de anos de experiência, seus inimigos aprenderam que essas borboletas têm veneno. As aranhas, as vespas, as lagartixas, as moscas e os morcegos olham de longe, mantendo prudente distância.

No dia 25 de novembro de 1960, três militantes contra a ditadura do generalíssimo Trujillo foram espancadas e atiradas num abismo na República Dominicana. Eram as irmãs Mirabal. Eram as mais lindas, eram chamadas de *borboletas*.

Em sua memória, em memória de sua beleza indevorável, hoje é o Dia Mundial contra a Violência Doméstica. Ou seja: contra a violência dos trujillinhos que exercem a ditadura dentro de cada casa.

Novembro

26

Laura e Paul

Quando Karl Marx leu *O direito à preguiça*, sentenciou:
– *Se isto for marxismo, eu não sou marxista.*
O autor, Paul Lafargue, parecia mais anarquista que comunista, e revelava uma suspeita tendência à loucura tropical.

Tampouco o agradava a ideia de ter como genro aquele cubano de cor não muito clara:
– *A intimidade excessiva está fora de lugar* – advertiu ele, por escrito, assim que Paul começou seus perigosos avanços sobre sua filha Laura, e solenemente acrescentou:
– *É meu dever interpor minha razão diante de seu temperamento nativo.*

A razão fracassou.

Laura Marx e Paul Lafargue compartilharam a vida durante mais de quarenta anos.

E na noite de hoje do ano de 1911, quando a vida já não era vida, em sua cama de sempre viajaram, abraçados, a última viagem.

Novembro

27

Quando as águas do Rio de Janeiro arderam

Em 1910, acabou a rebelião da marujada brasileira.

Os sublevados haviam ameaçado, disparando seus canhões em tiros de advertência, a cidade do Rio de Janeiro:

– *Basta de chibata, ou vamos fazer a cidade virar pó.*

A bordo de seus navios de guerra, as chibatadas eram hábito, e com frequência os castigados morriam.

E depois de cinco dias o motim triunfou, e as chibatas foram jogadas no fundo das águas, e os párias do mar desfilaram, aclamados, pelas ruas do Rio.

Um tempo depois, o chefe da insurreição, João Cândido, filho de escravos, almirante por decisão dos sublevados, tornou a ser marinheiro raso.

E um tempo depois, foi expulso.

E um tempo depois, foi preso.

E um tempo depois, foi trancado num manicômio.

Ele tem seu monumento, diz uma canção, nas pedras pisadas do cais.

Novembro

28

O homem que ensinava aprendendo

No ano de 2009, o governo do Brasil pediu desculpas a Paulo Freire. Ele não pôde agradecer o gesto, porque estava morto fazia doze anos.

Paulo tinha sido o profeta de uma educação solidária.

Em seus começos, dava aulas debaixo de uma árvore. Havia alfabetizado milhares e milhares de trabalhadores do açúcar, em Pernambuco, para que fossem capazes de ler o mundo e ajudassem a transformá-lo.

A ditadura militar o prendeu, expulsou-o do país e proibiu seu regresso.

No exílio, Paulo andou muito mundo. Quanto mais ensinava, mais aprendia.

Hoje, trezentas e quarenta escolas brasileiras têm o seu nome.

Novembro

29

Campeonato mundial do terror

No desprezo pela vida humana, Hitler era imbatível; mas teve competidores.

No ano de 2010, o governo russo reconheceu oficialmente que foi Stálin o autor da matança de catorze mil e quinhentos prisioneiros polacos em Katyn, Kharkov e Miednoje. Os polacos tinham sido fuzilados na nuca na primavera de 1940, e o crime havia sido sempre atribuído à Alemanha nazista.

Em 1945, quando já era mais que evidente a vitória dos aliados, a cidade alemã de Dresden e as cidades japonesas de Hiroshima e Nagasaki foram arrasadas até a última pedra. As fontes oficiais das nações vitoriosas disseram que elas eram alvos militares, mas os milhares e milhares de mortos foram todos civis, e entre as ruínas não apareceu nem mesmo um estilingue de caçar passarinhos.

Novembro

30

Encontro no Paraíso

No ano de 2010, começou outra conferência mundial, a de número mil e um, em defesa do meio ambiente. Como de costume, os exterminadores da natureza lhe recitaram poemas de amor.

Aconteceu em Cancun.

Melhor lugar, impossível.

À primeira vista, Cancun é um cartão-postal, mas essa aldeia de pescadores se transformou, no último meio século, num modernoso e gigantesco hotel de trinta mil quartos, que no caminho da sua prosperidade esmagou dunas, lagos, praias virgens, bosques virgens, manguezais e todos os obstáculos que a natureza colocava diante de seu exitoso desenvolvimento. Até a areia das praias foi sacrificada, e agora Cancun compra areia alheia.

Dezembro

Dezembro

I

Adeus às armas

O presidente da Costa Rica, dom Pepe Figueres, tinha dito:

– *Aqui, a única coisa que anda mal é tudo.*

E no ano de 1948, suprimiu as Forças Armadas.

Muitos anunciaram o fim do mundo, ou pelo menos o fim da Costa Rica.

Mas o mundo continuou girando, e a Costa Rica se salvou das guerras e dos golpes de Estado.

Dezembro

2

Dia contra a Escravidão

Em meados do século XIX, John Brown, branco, traidor da sua raça, traidor da sua classe, assaltou um arsenal militar na Virgínia, para entregar armas aos escravos negros das plantações.

O coronel Robert Lee, chefe da tropa que cercou e capturou Brown, foi promovido a general; e pouco depois comandou o exército que defendeu a escravidão durante a longa guerra do Sul contra o Norte dos Estados Unidos.

Lee, general dos escravagistas, morreu na cama. Foi enterrado com honras militares, música marcial, disparos de canhão e palavras que exaltaram as virtudes *desse grandioso gênio militar da América*.

Brown, o amigo dos escravos, foi condenado por assassinato, conspiração e traição ao Estado. Morreu enforcado em 1859, no dia de hoje.

No dia de hoje, que por casualidade é o Dia contra a Escravidão.

Dezembro

3

O rei que disse basta

Durante quatro séculos, a África negra se especializou na venda de carne humana. De acordo com a divisão internacional do trabalho, seu destino era produzir escravos para o mercado mundial.

Em 1720, um rei se negou.

Agaja Trudo, rei de Daomé, incendiou os fortes europeus e arrasou os atracadouros de escravos.

Durante dez anos, aguentou o acosso dos traficantes e os ataques dos reinos vizinhos.

Mais, não conseguiu.

A Europa se negava a lhe vender armas se ele não pagasse em moeda humana.

Dezembro

4

Memória verde

Assim como nós, as árvores recordam. Só que elas não se esquecem: vão formando anéis no tronco, e de anel em anel vão guardando sua memória.

Os anéis contam a história de cada árvore e delatam a sua idade, que em alguns casos chega a dois mil anos; contam que climas conheceu, que inundações e secas sofreu, e conservam as cicatrizes dos incêndios, das pragas e dos terremotos que a atacaram.

Num dia como hoje, um estudioso do assunto, José Armando Boninsegna, recebeu dos alunos de uma escola argentina a melhor explicação possível:

– Os arbustos vão à escola e aprendem a escrever. Onde escrevem? Na pança. Como escrevem? Com anéis. E isso dá para ler.

Dezembro

5

A vontade de beleza

O presidente da Sociedade Espanhola de História Natural determinou, em 1886, que as pinturas da caverna de Altamira não tinham milhares de anos de idade:

– *São obra de algum discípulo mediano da escola moderna atual* – afirmou, confirmando as suspeitas de quase todos os especialistas.

Vinte anos mais tarde, os tais especialistas tiveram que reconhecer que estavam enganados. E assim ficou demonstrado que a vontade de beleza, como a fome, como o desejo, havia acompanhado desde sempre a aventura humana no mundo.

Muito antes disso que chamamos de Civilização, havíamos transformado em flautas os ossos das aves, havíamos perfurado os caracóis para fazer colares e havíamos criado cores misturando terra, sangue, pó de pedras e sucos de plantas, para alindar nossas cavernas e para que cada corpo fosse um quadro caminhante.

Quando os conquistadores espanhóis chegaram a Veracruz, viram que os índios huastecos andavam completamente nus, elas e eles, com os corpos pintados para agradar e se agradar:

– *Esses são os piores* – sentenciou o conquistador Bernal Díaz del Castillo.

Dezembro

6

Uma lição de teatro

Neste dia de 1938, o Comitê de Atividades Antiamericanas, que funcionava em Washington, interrogou Hallie Flanagan.
Ela dirigia os teatros públicos.
Joe Starnes, deputado pelo Alabama, foi o encarregado do interrogatório.
A propósito de um artigo escrito por Hallie, perguntou a ela:
– *A senhora menciona um tal de Marlowe. Ele é comunista?*
– *Desculpe, mas se trata de uma citação de Christopher Marlowe.*
– *Pois diga-nos quem ele é, para termos uma referência precisa.*
– *Ele foi o maior dramaturgo inglês no período anterior a Shakespeare.*
– *Claro, claro... até no teatro grego encontramos essa gente que agora alguns chamam de comunistas.*
– *É verdade.*
– *Acho que até o senhor Eurípides foi culpado de ensinar consciência de classe, não é?*
– *Acho que todos os dramaturgos gregos foram acusados.*
– *Quer dizer, então, que não dá para saber quando é que tudo isso começou...* – suspirou o deputado Starnes.

Dezembro

7

A arte não tem idade

No ano de 1633, mais dia, menos dias, nasceu Gregório de Matos, o poeta que melhor sabia debochar do Brasil colonial.

Em 1969, em plena ditadura militar, o comandante da sexta região denunciou seus poemas, que dormiam o sono dos justos fazia três séculos na biblioteca da Secretaria de Cultura da cidade de São Salvador da Bahia, como sendo *subversivos,* e os atirou na fogueira.

Em 1984, num país vizinho, a ditadura militar do Paraguai proibiu uma peça que ia estrear no teatro Arlequín, por se tratar de *um panfleto contra a ordem, a disciplina, o soldado e a lei.* Fazia vinte e quatro séculos que a peça, *As troianas,* havia sido escrita por Eurípides.

Dezembro

8

A arte dos neurônios

Em 1906, Santiago Ramón y Cajal recebeu o prêmio Nobel de Medicina.

Ele quis ser pintor. Seu pai não deixou, e ele não teve outro remédio a não ser se transformar no cientista espanhol mais importante de todos os tempos.

Se vingou desenhando o que descobria. Suas paisagens do cérebro competiam com Miró, com Klee:

– *O jardim da neurologia oferece emoções artísticas incomparáveis* – costumava dizer.

Ele desfrutava explorando os mistérios do sistema nervoso, e mais ainda desfrutava desenhando-os.

E mais ainda, ainda mais, desfrutava dizendo a viva voz o que pensava, sabendo que isso iria lhe produzir mais inimigos que amigos.

Às vezes, perguntava, surpreso:

– *Você não tem inimigos? Como não? Será porque você jamais disse a verdade e jamais amou a justiça?*

Dezembro

9

A arte de viver

Em 1986, o Nobel de Medicina foi para Rita Levi Montalcini.

Em tempos difíceis, durante a ditadura de Mussolini, Rita havia estudado as fibras nervosas, escondida, num laboratório improvisado em algum canto da sua casa.

Anos mais tarde, e depois de muito trabalhar, essa tenaz detetive dos mistérios da vida descobriu a proteína encarregada de multiplicar as células humanas, e recebeu o Nobel.

Andava perto dos oitenta anos e dizia:

– *Meu corpo fica enrugado, mas o cérebro não. Quando eu ficar incapaz de pensar, só quero que me ajudem a morrer com dignidade.*

Dezembro

10

Bendita guerra

No ano de 2009, no Dia da Declaração Universal dos Direitos Humanos, o presidente Barack Obama recebeu o Prêmio Nobel da Paz.

Em seu discurso de agradecimento, o presidente não teve melhor ideia do que render homenagem à guerra: *à guerra justa e necessária contra o Mal.*

Quatro séculos e meio antes, quando o Prêmio Nobel não existia e o Mal não residia nas terras que continham petróleo, mas nas que prometiam ouro e prata, o jurista espanhol Juan Ginés de Sepúlveda também havia defendido *a guerra justa e necessária contra o Mal.*

Naquela época, Ginés explicou que a guerra contra os índios das Américas era necessária, *sendo por natureza servos os homens bárbaros, incultos e desumanos,* e a guerra era justa *porque é justo, por direito natural, que o corpo obedeça à alma, o apetite à razão, os brutos ao homem, a mulher ao marido, o imperfeito ao perfeito e o pior ao melhor, para o bem de todos.*

Dezembro

11

O poeta que era uma multidão

Pelo que se acreditava, Fernando Pessoa, o poeta de Portugal, levava dentro dele outros cinco ou seis poetas.

No final de 2010, o escritor brasileiro José Paulo Cavalcanti concluiu sua pesquisa de muitos anos sobre *alguém que sonhou ser tantos.*

Cavalcanti descobriu que Pessoa não abrigava cinco, nem seis: levava cento e vinte e sete hóspedes em seu corpo magro, cada um com seu nome, seu estilo e sua história, sua data de nascimento e seu horóscopo.

Seus cento e vinte e sete habitantes haviam assinado poemas, artigos, cartas, ensaios, livros...

Alguns deles tinham publicado críticas ofídicas contra ele, mas Pessoa nunca havia expulsado nenhum, embora deva ter sido difícil, suponho, alimentar uma família tão numerosa.

Dezembro

12

Tonantzin se chama Guadalupe

Muito depois de engendrar Jesus, a Virgem Maria viajou para o México. Chegou no ano de 1531. Apresentou-se chamando a si mesma de Virgem de Guadalupe, e por afortunada coincidência a visita aconteceu no lugar exato onde Tonantzin, a deusa-mãe dos astecas, tinha seu templo.

A Virgem de Guadalupe passou a ser, a partir de então, a encarnação da nação mexicana: Tonantzin vive na Virgem, e o México e Jesus têm a mesma mãe.

No México, como em toda a América, os deuses proibidos se meteram nas divindades católicas, pelos caminhos do ar, e em seus corpos residem.

Tlaloc chove em São João Batista, e em São Isidro Lavrador floresce Xochipilli.

Tatá Dios é o Pai Sol.

Tezcatlipoca, Jesus crucificado, aponta, lá da cruz, os quatro rumos em que sopram os ventos do universo indígena.

Dezembro

13

Dia do Canto Coral

Em 1589, o papa Sisto V decidiu que os castrados cantassem na Basílica de São Pedro.

Para que os cantores fossem cantoras, sopranos capazes de notas agudas e gorjeios sem pausa, mutilavam seus testículos.

Durante mais de três séculos, os castrados ocuparam o lugar das mulheres nos coros das igrejas: estavam proibidas as pecadoras vozes das filhas de Eva, que sujavam a pureza dos templos.

Dezembro

14

O frade que fugiu sete vezes

Em 1794, o arcebispo do México, Alonso Núñez de Haro, assinou a condenação do frei Servando Teresa de Mier.

No aniversário da visita da Virgem Maria a terras mexicanas, frei Servando havia feito um sermão, diante do vice-rei, do arcebispo e dos membros da Real Audiência. Mais que sermão, um disparo de canhão. Frei Servando havia se atrevido a afirmar que não existia casualidade nem coincidência: a Virgem Maria *era* a deusa asteca Tonantzin, e o apóstolo Tomás *era* Quetzalcóatl, a serpente emplumada que os índios adoravam.

Por ter cometido escandalosa blasfêmia, frei Servando foi despojado de seu título de doutor em filosofia e foi proibido, para sempre, de ensinar, receber confissões e pronunciar sermões. E foi condenado ao desterro na Espanha.

A partir de então, sete vezes esteve preso e sete vezes fugiu, lutou pela independência mexicana, escreveu as mais ferozes e divertidas calúnias contra os espanhóis e também escreveu sérios tratados sobre o projeto de república, livre de ataduras coloniais e militares, que ele propunha para quando a nação mexicana fosse dona e senhora de si.

Dezembro

15

O homem verde

Hoje teria sido o aniversário de Chico Mendes.
Teria sido.
Mas os assassinos da Amazônia matam as árvores incômodas, e também matam as pessoas incômodas.
Pessoas como Chico Mendes.
Seus pais, escravos por dívidas, haviam chegado aos seringais vindos do distante deserto do Ceará.
Ele aprendeu a ler aos vinte e quatro anos.
Na Amazônia organizou sindicatos e juntou os solitários, peões escravizados, índios desalojados, contra os devoradores de terras e seus bandoleiros a soldo, e contra os especialistas do Banco Mundial, que financiam o envenenamento dos rios e o bombardeio das selvas.
E foi marcado para morrer.
Os tiros entraram pela janela.

Dezembro

16

Combata a pobreza: maquie os números

Durante uns bons anos, os grandes meios de desinformação celebraram, com tambores e clarins, as vitórias na guerra contra a pobreza. Ano após ano, a pobreza batia em retirada.

Assim foi até o dia de hoje do ano de 2007. Então, os especialistas do Banco Mundial, com a colaboração do Fundo Monetário Internacional e de alguns órgãos das Nações Unidas, atualizaram suas tabelas do poder de compra da população do mundo. Num relatório do *International Comparison Program*, que teve escassa ou nenhuma difusão, os especialistas corrigiram alguns dados das medições anteriores. Entre outros errinhos, descobriram que os pobres somavam quinhentos milhões a mais do que tinham sido registrados pelas estatísticas internacionais.

Eles, os pobres, já sabiam disso.

Dezembro

17

O foguinho

Nesta manhã do ano de 2010, Mohamed Bouazizi vinha arrastando, como todos os dias, seu carrinho de frutas e verduras em algum lugar da Tunísia.

Como todos os dias, chegaram os guardas, para cobrar o pedágio por eles inventado.

Mas esta manhã, Mohamed não pagou.

Os guardas bateram nele, viraram o carrinho e pisaram as frutas e as verduras esparramadas pelo chão.

Então Mohamed se regou com gasolina, da cabeça aos pés, e acendeu o fogo.

E essa fogueira pequenina, não mais alta do que qualquer vendedor de rua, alcançou em poucos dias o tamanho de todo o mundo árabe, incendiado pelas pessoas fartas de ser em ninguém.

Dezembro

18

Os primeiros exilados

Hoje, Dia do Emigrante, convém recordar que Adão e Eva foram os primeiros condenados a emigrar em toda a história da humanidade.

De acordo com a versão oficial, Adão foi tentado por Eva: foi ela quem ofereceu a ele o fruto proibido, e por culpa de Eva os dois foram expulsos do Paraíso.

Mas, terá sido assim? Ou Adão fez o que fez porque quis?

Talvez Eva não tenha oferecido nada, nem pedido nada.

Talvez Adão tenha decidido morder o fruto proibido quando soube que Eva já tinha mordido.

Talvez ela já tivesse perdido o privilégio da imortalidade, e Adão decidiu compartilhar o seu castigo.

E se tornou mortal, mas mortal acompanhado.

Dezembro

19

Outra exilada

No final de 1919, duzentos e cinquenta *estrangeiros indesejáveis* partiram do porto de Nova York, com a proibição de regressar aos Estados Unidos.

Entre eles, foi para o exílio Emma Goldman, *estrangeira de alta periculosidade*, que havia estado presa várias vezes por se opor ao serviço militar obrigatório, por difundir métodos anticoncepcionais, por organizar greves e por outros atentados contra a segurança nacional.

Algumas frases de Emma:

A prostituição é o mais alto triunfo do puritanismo.

Haverá por acaso algo mais terrível, mais criminoso, que nossa glorificada e sagrada função da maternidade?

O Reino dos Céus deve ser um lugar terrivelmente aborrecido se os pobres de espírito viverem lá.

Se o voto mudasse alguma coisa, seria ilegal.

Cada sociedade tem os delinquentes que merece.

Todas as guerras são guerras entre ladrões demasiado covardes para lutar, que mandam outros morrer por eles.

Dezembro

20

O encontro

A porta estava fechada:
– *Quem é?*
– *Sou eu.*
– *Não conheço você.*

E a porta continuou fechada.
No dia seguinte:
– *Quem é?*
– *Sou eu.*
– *Não sei quem você é.*

E a porta continuou fechada.
E no outro dia:
– *Quem é?*
– *Sou você.*
E a porta se abriu.

(Do poeta persa Farid al-din Attar, nascido em 1119, na cidade de Nishapur)

Dezembro

21

A alegria de dizer

Este dia poderia ser qualquer outro dia.
De Enheduanna, não se conhece os dias.
O que se sabe é que há quatro mil e trezentos anos, Enheduanna viveu no reino onde foi inventada a escrita, agora chamado de Iraque,
    e que ela foi a primeira escritora, a primeira mulher que assinou suas palavras,
    e foi também a primeira mulher que ditou leis,
    e foi astrônoma, sábia em estrelas,
    e sofreu pena de exílio,
    e escrevendo cantou a deusa Inanna, a Lua, sua protetora, e celebrou a felicidade de escrever, que é uma festa,
como parir,
dar à luz,
conceber o mundo.

Dezembro

22

A alegria de voar

Há quem garanta que os irmãos Wright inventaram o avião, nestes dias do final de 1904, mas outros garantem que Santos Dumont foi, um par de anos depois, o criador do primeiro aparelho digno desse nome.

A única coisa certa, mas certa de certeza, é que trezentos e cinquenta milhões de anos antes, umas asinhas despontaram no corpo das libélulas, e as asinhas foram asas que continuaram crescendo, durante mais alguns milhões de anos, só pela pura vontade de viajar.

As libélulas foram as primeiras passageiras do ar.

Dezembro

23

Ressurreições

Em 1773, a terra tremeu de fome e em um par de dias devorou a cidade, agora chamada de Antigua, que durante mais de dois séculos havia reinado na Guatemala e em toda a região.

Mas nas festas religiosas, Antigua se ergue de suas ruínas. Suas ruas são tapetes de flores, flores que desenham sóis e frutas e aves de muita plumagem, e então já não se sabe se os pés que as caminham celebram o próximo nascimento de Jesus ou o renascimento da cidade.

Os moradores teceram, mãos pacientes, pétala por pétala, folha por folha, esses jardins nas ruas, para que Antigua seja imortal enquanto dure a festa.

Dezembro

24

Milagre!

Na noite de Natal de 1991, morreu a União Soviética e em seu altar nasceu o capitalismo russo.

A nova fé fez o milagre: por ela iluminados, os funcionários se fizeram empresários, os dirigentes do Partido Comunista mudaram de religião e passaram a ser ostentosos novos-ricos, que puseram a faixa de leilão no Estado e compraram a preço de banana tudo que era comprável em seu país e no mundo.

Nem os clubes de futebol se salvaram.

Dezembro

25

A viagem do Sol

Jesus não podia festejar seu aniversário, porque não tinha dia de nascimento.

No ano de 354, os cristãos de Roma decidiram que ele havia nascido no dia 25 de dezembro.

Nesse dia, os pagãos do norte do mundo celebravam o fim da noite mais longa do ano e a chegada do deus Sol, que vinha para romper as sombras.

O deus Sol tinha chegado a Roma vindo da Pérsia.

Era chamado de Mitra.

Passou a se chamar Jesus.

Dezembro

26

A viagem ao mar

Em tempos que já lá vão, os filhos do Sol e as filhas da Lua viviam juntos no reino africano de Daomé.

E juntos viveram, se abraçando, brigando, até que os deuses os afastaram e os condenaram à lonjura.

A partir de então, os filhos do Sol são peixes no mar e as filhas da Lua são estrelas na noite.

As estrelas do mar não caem do céu: do céu viajam. E nas águas procuram seus amantes perdidos.

Dezembro

27

O viajante

Matsuo Bashô nasceu determinado a ser samurai, mas renunciou às guerras e foi poeta. Poeta caminhante. Um mês depois da sua morte, lá pelo ano de 1694, os caminhos do Japão já sentiam falta dos passos de suas sandálias de palha e das palavras que deixava penduradas nos tetos que lhe davam albergue. Como estas:

Os dias e os meses são viajantes da eternidade.
Assim passam os anos.
Viajam cada minuto de seus dias os que navegam
o mar ou cavalgam
a terra, até que sucumbem debaixo do peso do tempo.
Muitos velhos morrem na viagem.
Eu só sucumbi à tentação das nuvens, as andarilhas do céu.

Dezembro

28

Saudades do futuro

Oscar Niemeyer entrou no ano de 2007 com cem anos de idade e oito novas obras em execução. O arquiteto mais ativo de todos não se cansava de transformar, projeto após projeto, a paisagem do mundo. Seus velhos olhos não subiam ao alto céu, que nos humilhava, mas estavam sempre novos para ficar, prazerosos, contemplando a navegação das nuvens, que eram sua fonte de inspiração para as próximas criações. Lá, na nuveria, ele descobria catedrais, jardins de flores incríveis, monstros, cavalos a galope, aves de muitas asas, mares que explodiam, espumas que voavam e mulheres que ondulavam ao vento e no vento se ofereciam e no vento iam embora.

Cada vez que os médicos o internavam no hospital, Oscar matava o aborrecimento compondo sambas, que cantava junto com os enfermeiros.

E assim esse caçador de nuvens, esse perseguidor da beleza fugitiva, deixou para trás seu primeiro século de vida, e continuou em frente.

Dezembro

29

O caminho é o destino

Tinha sido uma bebedeira copiosa, dizendo adeus ao ano que dali a pouco iria embora, e eu andava perdido pelas ruas de Cádiz.

Perguntei por onde se ia ao mercado. Um velho soltou as costas da parede e me respondeu, apontando para o nada:

– *Faça o que a rua te disser.*

A rua me disse, e eu cheguei.

Alguns milhares de anos antes, Noé tinha navegado sem bússola, sem velas, sem timão.

A arca se deixou ir, por onde o vento lhe disse, e se salvou do dilúvio.

Dezembro

30

Somos de música

Quando apuro o ouvido,
escuto músicas que vêm de muito longe,
do passado,
de outros tempos,
de horas que já não são
e de vidas que já não estão.
Quem sabe as vidas nossas
estejam feitas de música.
No dia da ressurreição,
meus olhos se abrirão novamente em Sevilha.

(De Boabdil, último rei da Espanha muçulmana)

Dezembro

31

A viagem da palavra

No ano de 208, Serenus Sammonicus escreveu em Roma um livro, *Assuntos secretos*, em que revelava seus descobrimentos na arte da cura.

Esse médico de dois imperadores, poeta, dono da melhor biblioteca do seu tempo, propunha, entre outros remédios, um infalível método para evitar a febre terçã e espantar a morte: era preciso pendurar no peito uma palavra e se proteger com ela noite e dia.

Era a palavra *Abracadabra*, que em hebraico antigo queria dizer, e continua dizendo:

Envia o teu fogo até o final.

Índice onomástico

A

ABC: 283
Abraão: 71
Acosta, Juan Pío: 68
Adão: 34, 137, 396
AESGener: 341
Afeganistão: 149, 192, 325, 339
África: 28, 50, 74, 108, 119, 257, 292, 293, 309, 381
Afrodite: 57
Aguilar, Juana (a Comprida): 52
Alá: 32, 88
Alabama: 19
Alabama (Estados Unidos): 384
Alagoas: 83, 115
Alasca: 100
Alexandria: 17, 202
Aleksander, príncipe: 272
Aleksandra: 272
Alemanha: 44, 97, 233, 253, 281, 282, 343, 375
Alice, escrava: 323
Allende, Salvador: 284
Alpes, os: 172
Altamira, caverna de: 383
Alto Paraná, selva do: 371
Alvarado, Pedro de: 255
Amarelo, rio: 250
Amaru, Tupac: 164
Amazônia: 393
Ameghino, Florentino: 306
América: 16, 34, 38, 39, 50, 83, 126, 182, 187, 216, 247, 254, 257, 268, 277, 290, 319, 323, 324, 327, 340, 380, 388, 390
América Central: 294
América Latina: 39, 75
American Psychiatric Association: 124
Amsterdã: 258
Andaluzia: 130
Andes, cordilheira dos: 98, 204, 247
Andrei, príncipe: 272
Anselmo (cabo): 21
Anthony, Susan: 198, 199
Antigua, cidade: 401
Apalaches, cordilheira dos: 186
Aqualtune (princesa africana): 83
Aquino, são Tomás de: 88
Arábia Saudita: 84
Aranha, Felipa Maria: 83
Araracuara (Colômbia): 96
Arbenz, Jacobo: 139
Argentina: 85, 151, 190, 196, 210
Aristóteles: 88
Arlequín, teatro: 385
Armada Invencível (frota espanhola): 128
Artemisa: 230, 299
Artigas, José: 289, 290
Associação Alemã de Futebol: 300

Assuam, cidade de: 202
Atahualpa, rei do Peru: 183
Atenas: 234, 277
Attar, Farid al-din: 398
Auschwitz (Oswiecim): 174
Austrália: 35, 38, 62, 91, 154
Áustria: 175, 283
Aventis: 61
Ayacucho: 98
Azurduy, Juana: 259

B

Bagdá: 17
Bahia (Brasil): 83
Baía dos Porcos: 134
Baker Street: 172
Balaã: 71
Balaguer, Emma: 317
Ballestrino, Esther: 144
Banco Barings: 75
Banco Mundial: 235, 393, 394
Banderas, Antonio: 364
Barbosa, Moacir: 227
Barnum, Phineas: 218
Barrett Browning, Elizabeth: 37
Barrett Browning, Robert: 37
Barrett, Rafael: 21
Barrett, Soledad: 21
Bashô, Matsuo: 405
Basílica de São Pedro: 391
Bayer: 61
Bayer, Osvaldo: 65
Beatles, os: 59
Bélgica: 168, 283, 341
Bellarmino, Roberto: 170
Bell, Joshua: 26

Bento, papa: 174
Benga, Ota: 167
Benguela, Teresa de: 83
Berlim: 29, 74, 304, 355
Bernal Díaz del Castillo, o conquistador: 383
Bernal, Lorenzo: 184
Bernays, Edward: 116
Betty Boop: 263
Bianchi, Francisco: 103
Bíblia: 31, 71, 75, 88, 137, 160, 217
Blagojevic, Petar: 175
Blanco, Hugo: 361
Bly, Nellie: 360
Boabdil, rei: 408
Bobadilla, Rosa: 297
Bolívar, Simón: 256
Bolívia: 40, 85, 320, 326
Bonaparte, Napoleão: 36, 72, 218, 269, 277
Boninsegna, José Armando: 382
Boniperti, Gian Piero: 224
Bonpland, Aimé: 216
Borges, Jorge Luis: 137
Bornéu, ilha de: 238
Botsuana: 309
Bouazizi, Mohamed: 395
Brasil: 21, 36, 68, 83, 115, 151, 221, 223, 227, 228, 288, 374, 385
Braslavsky, Guido: 104
Brecht, Bertolt: 137
British Air Council: 38
Broadway: 263
Bronx (Estados Unidos): 167
Brown, John: 380

Bruno, Giordano: 170
Buenos Aires: 104, 189, 190, 210, 259, 306
Buñuel, Luis: 85
Busch, circo: 304
Bush, George W.: 17, 304
Butler, Smedley: 30

C

Cabral, Amilcar: 292
Cádiz: 407
Caiboaté, colinas de: 58
Califórnia: 103, 131
Cambalache (tango): 151
Canadá: 330
Canárias, ilhas: 82
Cancun (México): 376
Cândido, João: 373
Cantinflas (Mario Moreno Reyes): 85
Cañizares, Manuela: 256
Capone, Alphonse (Al Capone): 30
Caracas: 340
Cardano, Girolamo: 301
Caribe, mar do: 134, 268, 317
Carlos II, rei: 352
Carlos I, rei: 328
Carroll, Lewis: 229
Cartagena das Índias: 49
Cartago: 277
Carter, Howard: 155
Caruso, Enrico: 131
Carver, George: 19
Casa Branca (Estados Unidos): 235

Cavalcanti, José Paulo: 389
Caxias, Duque de: 51
Ceará, deserto do: 393
Celanese: 61
César, Júlio: 17, 95
Chang e Eng, irmãos siameses: 218
Chartres: 316
Chávez, Hugo: 125
Che Guevara: 320, 321
Chengdu, estação de: 60
Chernobyl: 140
Chiapas: 247
Chicago: 30, 354
Chile: 184, 284, 341, 367
China: 37, 158, 249, 250, 338
Chiquita Brands: 93
Churchill, Winston: 38, 261
Cleópatra: 17
Cnido, cidade de: 57
Cockburn, Claude: 140
Código Hays: 263
Collodi, Carlo: 251
Colo-Colo, chefe índio: 184
Colômbia: 337, 339
Colombo, Cristóvão: 187, 317
Columbus, cidade de: 89
Comitê de Atividades Antiamericanas: 384
Conceição das Crioulas, comunidade de: 83
Congo: 167, 168
Connecticut: 218
Constantino (imperador): 171
Cooke, John: 328
Cook, James: 35

Copérnico, Nicolau: 170
Corá, cerro: 81
Corão, o: 88
Córdoba (Argentina): 104
Coreia do Norte: 220
Corsário Negro, o: 293
Cortez, Hernan: 296, 318, 319, 350
Corunha, A: 189
Cós, cidade de: 57
Costa Rica: 379
Coubertin, Barão de: 258
Coyoacán, convento de: 318
Cranach, Lucas: 343
Crillon, hotel: 191
Crioula, Mariana: 83
Cristo: 17, 95, 202, 230, 299
Crowley, Richard: 198
Cruzeiro do Sul: 216
Cuba: 85, 134, 223
Cuzco: 164, 361

D

Da Cutri, Leonardo: 265
Daomé, reino de: 404
Dalton, Roque: 156
Damasceno, são João: 88
Darwin, Charles: 369
Darwin, Erasmus: 369
Dávalos, Juan Carlos: 25
Decca Recording Company: 59
De la Cruz, sor Juana Inés: 358
Delaware, rio: 323
Delft: 336
Delon, Alain: 364
Delta and Pine: 262
Demônio: 34, 127, 303

Descartes, René: 353
Deus: 19, 28, 31, 32, 66, 73, 74, 76, 105, 170, 174, 190, 252, 295, 302, 317, 323, 369, 390
Diabo: 27, 28, 39, 90, 297, 302, 343
Díaz, Porfírio: 296
Diego de la Vega, o Zorro: 364
Diego García, ilha: 313
Dien Bien Phu, quartel de: 153
Dilúvio, o: 71
Dimitri, príncipe: 272
Di Monte, Piero: 196
Dinamarca: 283
Discépolo, Enrique Santos: 151
Disney, Walt: 251
Dom Quixote de La Mancha: 137
Donne, John: 111
Dostoiévski, Fiódor: 357
Doyle, Arthur Conan: 172
Drácula, conde: 175
Dresden: 375
Ducasse, Isidore: 118
Dumas, Alexandre: 222
Dumont, Santos: 400
DuPont: 61

E

Edwards, Henrietta: 330
Éfeso: 230
Egito: 17, 52
Eiffel, torre: 191
Einstein, Albert: 132, 136
Eisenhower, Dwight: 139, 255, 314

Elba, ilha de: 72
El Salvador: 156
Endesa: 341
Engels, Friedrich: 23
Enheduanna: 399
Equador: 22, 109, 185, 256
Eratóstenes: 202
Eróstrato: 230
Escandinávia: 208
Escócia: 215
Espanha: 16, 58, 63, 85, 135, 161, 189, 271, 319, 352, 392, 408
Esparragosa, Narciso: 52
Espejo, Manuela: 256
Espírito Santo (Brasil): 83
Espírito Santo: 103
Estádio Nacional (Chile): 367
Estados Unidos da América: 23, 27, 30, 76, 89, 100, 107, 116, 117, 138, 139, 148, 153, 185, 198, 213, 233, 263, 264, 277, 298, 308, 313, 339, 342, 347, 355, 365, 380, 397
Estocolmo: 128, 149
Etiópia: 370
Eudoxia: 272
Eurípides: 384, 385
Europa: 23, 36, 42, 58, 71, 74, 126, 140, 196, 200, 216, 233, 269, 283, 381
Eva: 137, 391, 396
Exposição Internacional de Paris: 129
Exu: 50

F
Fairbanks, Douglas: 364
FBI: *ver* Federal Bureau of Investigation 274
Federal Bureau of Investigations (FBI): 132
Felipe II, rei: 265
Fernando (vagabundo): 173
Ferreira, Francisca e Mendecha: 83
Figueres, Pepe: 379
Filadélfia: 23
Filipinas, ilhas: 293
Finlândia: 283
Finlay, Carlos: 260
Flanagan, Hallie: 384
Florença (Itália): 66, 188
Fundo Monetário Internacional: 123, 235, 394
Fonseca Amador, Carlos: 242
Fortunato, Ângela: 65
Foster, Maud: 65
Fracastoro, Girolamo: 254
Francesco (ajudante de Michelangelo): 66
França: 27, 72, 129, 153, 166, 176, 222, 253, 271, 283, 285
Francisco de Assis, são: 217
Franco, Francisco: 63, 283
Freire, Paulo: 288, 374
Fuji, monte: 92
Fukushima: 140

G

Gabriel (arcanjo): 28, 105
Galilei, Galileu: 170
Gambá, Zacimba: 83
Gandhi, Mahatma: 261
García, Consuelo: 65
Gelman, Macarena: 64
Gênese: 11
Gênova: 49, 201
Gepeto, o carpinteiro: 251
Gibraltar, estreito de: 234
Ginés de Sepúlveda, Juan: 388
Girardelli, Signora: 177
Giraud, Marie-Louise: 349
Glauco: 331
Goldman, Emma: 397
Gong, príncipe: 338
Gonzaga, Chiquinha: 51
Gouges, Olympia de: 349
Gough, lady: 37
Goya, Francisco de: 129
Gracia, Marcela: 189
Granada: 16
Grand Café de Paris: 99
Grécia: 258, 331
Guadalajara: 61, 271
Guanajuato, cidade de: 354
Guatemala: 52, 103, 120, 138, 139, 255, 401
Guayaquil: 197
Güegüence: 39
Guiné-Bissau: 292
Guipúzcoa: 49
Gutenberg, Johannes: 71

H

Habsburgo, os: 352
Haiti: 27, 28, 262, 269, 348
Halley, cometa: 165
Hamurabi (rei da Babilônia): 121
Havaí: 35
Havana: 260
Hegel, Georg Friedrich: 137
Helsinque: 239
Hércules: 234
Hergé (Georges Prosper Remi): 168
Heródoto: 299
Hessel, Stéphane: 23
Hidalgo, Miguel: 296
Hikmet, Nazim: 20
Hill, Joe: 365
Hiroshima: 76, 252, 308, 375
Hitler, Adolf: 44, 233, 273, 282, 283, 349, 375
Holanda: 181, 283
Holbein, Hans: 343
Hollywood: 76, 77, 108, 117, 175, 251, 263, 322, 364
Holmes, Maria de las Mercedes: 287
Hong Kong: 347
Honorata: 293
Houdini: 304
Huanoquite (Peru): 361
Hunt, Ward: 198

I

IBM: 61
Iemanjá: 50

Ifé, cidade sagrada de: 119
Igreja católica: 28, 85, 170, 174, 176, 189, 203, 210, 340, 343
Igreja do Verbo: 103
Império Britânico: 261
Inanna: 399
Índia: 261
Inferno: 16, 154, 190, 208, 209, 266, 272, 286
Inquisição: *ver* Santa Inquisição 129, 170
Inti Raymi: 204
Iraque: 17, 100, 325, 399
Irã: 139
Isidro Lavrador, são: 390
Islândia: 123
Ismael, Abdul Kassem: 17
Israel: 217
Israel, Estado de: 160
Istambul (Constantinopla): 70
Itália: 251
Ivan, o Terrível: 272

J

Jamaica: 54
James II, rei: 215
James, Jesse: 117
Japão: 92, 405
Jerônimo (índio apache): 148
Jesus Cristo: *ver* Jesus de Nazaré 135
Jesus de Nazaré: 50, 105, 126, 217, 236, 301, 318, 390, 401, 403
Jiménez, Ângela: 297
Joana d'Arc: 176

João, camponês: 288
João, príncipe: 231
João, são: 203
João Batista, são: 390
Josafat, abadia de: 316
Juliache, Maria: 65
Justiniano (imperador): 70
Juventus: 224

K

Kahlo, Frida: 219
Katyn, matança de: 375
Kealakekua, baía de: 35
Kepler, Johannes: 362
Khama, Seretse: 309
Kharkov, matança de: 375
Kinchil, povoado de: 106
King, Martin Luther: 274
Kisiljevo, aldeia de: 175
Klee, Paul: 386
Kooning, Willem de: 232
Ku Klux Klan: 77, 117
Kurosawa, Akira: 92

L

Labat, Jean-Baptiste: 268
Laden, Osama bin: 148
Lafargue, Paul: 372
La Flesche, Susan: 298
Lago Agrio: 109
La Gomera, ilha: 82
Lame, Quintín: 337
Lamport, William: 364
Landa, Diego de: 127
Lapinha, Joaquina: 200

La Rioja (Espanha): 135
Las Vegas: 354
Laurence, William L.: 308
Lautréamont, Conde de: 118
Lecumberri, cárcere de: 296
Lee, Robert (coronel): 380
Le Moniteur Universel: 72
Lênin, Vladimir: 91, 137
Lenkersdorf, Carlos e Gudrun: 97
Leonid, arcebispo: 272
León, Manuela: 22
Le Siècle: 222
Levi Montalcini, Rita: 387
Levoisier, Jean: 316
Lezo, Blas de: 49
Líbia: 325
Lídia, reino da: 331
Life: 76, 232
Lillo, Miguel Ignacio: 305
Lima (Peru): 110, 319
Lincoln, Abraham: 117
Liñeira, Oscar: 196
Lisboa: 36, 200
Liverpool: 59
Loij, Ângela: 69
Londres: 37, 59, 94, 111, 283, 309, 328
López de Santa Anna, Antonio: 307
López de Segura, Ruy: 265
López Rocha, Miguel: 61
Lorz, Fred: 214
Los Angeles: 76, 354
Lucy (múmia): 370
Luís XIV (Rei Sol): 285
Luís XVIII: 72

Luís XVI, rei: 296
Lumière, Louis e Auguste: 99
Lunacharski, Anatoli: 31
Lustig, Viktor (conde): 191
Lutero, Martinho: 88, 343
Luxemburgo, Rosa de: 29
Lynch, Elisa: 81
Lyon, cidade de: 99

M

Machado y Álvarez, Antonio: 130
Mack, Myrna: 138
Madri: 85, 129, 269, 352
Mãe Domingas: 83
Mães da Plaza de Mayo: 144
Magno, Carlos: 42
Malásia: 293
Malvinas, ilhas: 194
Mandela, Nelson: 213
Manhattan Minerals Corporation: 183
Mani de Iucatã, convento de: 127
Manso, Juana: 210
Manzanares, rio: 129
Maomé: 32, 88
Maracaibo, golfo de: 293
Maracanã, estádio do: 227, 228
Maradona, Diego: 225
Mares, Encarnación: 297
Maria Antonieta, rainha: 349
Maria I de Portugal (rainha): 36
Mariana, lady: 293
Maria, rainha: 231
Marley, Bob: 54
Marlowe, Christopher: 384
Marrocos, reino do: 133

Maruja: 110
Marx, Karl: 23, 91, 94, 372
Marx, Laura: 372
Maryland (Estados Unidos): 107
Mata Hari: 253
Mato Grosso (Brasil): 83
Matos, Gregório de: 385
McClung, Nellie: 330
McDonald's: 326
McKinney, Louise: 330
Méliès, Georges: 99
Melville, Herman: 359
Menchú, Rigoberta: 255
Mendes, Chico: 393
México: 34, 85, 89, 97, 187, 219, 296, 297, 307, 318, 320, 327, 339, 347, 348, 355, 358, 360, 364, 390, 392
Miami: 134
Miauzhu (cidade): 158
Michelangelo: 66, 188
Miednoje, matança de: 375
Minh, Ho Chi (Tio Ho): 153
Mirabal, irmãs: 371
Miró, Joan: 386
Mitra: 403
Monsanto: 262
Monterrey (México): 354
Montevidéu (Uruguai): 118
Montezuma: 296, 350
Morales, Evo: 40
Moralles, Manuel: 56
Morus, Tomás: 166
Moscou: 31, 132, 269, 272, 357
Mossadegh, Mohamad: 139
Mozart, Wolfgang Amadeus: 41

Mulata de Córdoba: 303
Munique: 349
Murdoch, Rupert: 91
Murphy, Emily: 330
Murray Hill Inc.: 107
Museu do Prado: 129
Mussolini, Benito: 273, 387

N

Nações Unidas: 133, 394
Nagasaki: 76, 308, 375
Nessler, Karl: 315
Nestlé: 61
Neva, rio: 357
Newton, Isaac: 18
Nezahualcóyotl: 187
Nicarágua: 39, 141, 320
Niceia, cidade de: 171
Niemeyer, Oscar: 406
Nigéria: 201
Nikolai, príncipe: 272
Nishapur, cidade de: 398
Nixon, Richard: 339
Nobel, Alfred: 333
Noruega: 283
Nova York: 167, 198, 232, 295, 359, 397
Núñez de Haro, Alonso: 392

O

Obama, Barack: 388
Obdúlio: 228
Ogum: 50
O'Keeffe, Georgia: 86
Olimpo: 50
Olivares, Manuel Alba: 225

Omolade, Akeem: 201
Operação Jerônimo: 148
Orã: 49
Operação Condor: 64
Organização Mundial da Saúde: 162, 238
Oriente: 52, 293
Orinoco, rio: 159
Oruro: 98
Oswiecim (Auschwitz): 174
Oxum: 50
Oxumaré: 50

P

Pachamama: 247
Pádua: 351
Pai Sol: 390
Paine, Thomas: 23
Paquistão: 325
Palace, hotel: 131
Palenque, cidade de: 248
Palermo (Itália): 322
Palestina: 160, 325
Palestine Royal Commission: 38
Palmares, refúgio de: 83
Pambelé, Kid: 248
Panamá: 73
Pará (Brasil): 83
Paraguai: 81, 385
Paris: 118, 129, 157, 191, 241, 269, 271, 306, 307, 349
Parlby, Irene: 330
Parodi, Silvina: 195
Parra, Violeta: 53
Partido Comunista: 402

Partido Conservador (Estados Unidos): 141
Partido da Caridade, da Liberdade e da Diversidade: 181
Pascal, Blaise: 285
Patagônia argentina: 65
Patton, George: 277
Pauling, Linus: 76
Paulo III, papa: 182
Paulo, o Silenciário: 70
Paz, Bartolomé: 361
Pedro, são: 209
Pequim: 60
Pemaulk: 69
Pentágono: 192, 193
Pernambuco: 83, 374
Pérsia: 403
Peru: 361
Pessoa, Fernando: 389
Pinochet, Augusto: 341, 367
Pinóquio: 251
Pinto, Mercedes: 85
Pío, Juan: 68
Piotr, príncipe: 272
Pireu: 331
Pisonis, Calpurnia: 95
Pitt, Brad: 117
Pittsburgh: 360
Pizarro, Francisco: 183, 319
Platão: 137, 331
Po, Li: 205
Pollock, Jackson: 232
Polônia: 282, 283
Ponce, Maria Eugenia: 144
Poot, Felipa: 106
Porto: 189

Portugal: 36, 58, 189, 389
Potosí: 259
Power, Tyrone: 117, 364
Praxíteles: 57

Q

Quariterê: 83
Quebrada de Yuro (Bolívia): 320
Quetzalcóatl: 34, 350, 392
Quevedo, Francisco de: 88
Quinteras, Maria: 297
Quiroga, Horacio: 67
Quito: 197

R

Rabasco, Marcos: 135
Rafuema: 96
Ramazzini, Bernardino: 351
Ramona, Juana (a Tigresa): 297
Ramón y Cajal, Santiago: 386
Reagan, Ronald: 339
Real Audiência: 392
Real Audiência da Guatemala: 52
Repnin, príncipe: 272
República Dominicana: 317, 371
Resistência (Chaco): 173
Rei da Espanha: 58
Rei de Portugal: 58
Riachuelo: 104
Rio de Janeiro: 36, 51, 83, 150, 200, 231, 363, 373
Rio da Prata: 104
Ríos Montt, Efraín: 103
Rivera, Miguel Primo de: 85
Robertson, Pat: 27, 28

Robin Hood: 117
Robles, Amélia: 297
Rockefeller, John D.: 169
Rodríguez, Amália: 65
Rodríguez, Simón: 340
Roma: 15, 95, 131, 317, 343, 403, 409
Rômulo e Remo: 235
Rosa, Noel: 150, 151
Rosário (Argentina): 104
Rothko, Mark: 232
Rouen: 176
Rudd, Kevin: 62
Ruders, Carl: 200
Ruiz, Petra: 297
Ruiz y Picasso, Pablo Diego José Francisco de Paula Juan Nepomuceno María de los Remedios Cipriano de la Santísima Trinidad (Pablo Picasso): 122
Romênia: 108
Russo, Genco: 322

S

Sáenz, Manuela: 256
Saara, deserto do: 133
Saint Louis (Estados Unidos): 214
Saint Martin de Laon, mosteiro de: 316
Salamina, batalha de: 299
Salgari, Emilio: 293
Salta: 25
Salt Lake City: 365
Sammonicus, Serenus: 409

Samósata, Luciano de: 234
Sánchez, Elisa: 189
Sandino, Augusto César: 320
Sandokan: 293
São Francisco de Texcoco, igreja de: 318
San Francisco (Estados Unidos): 131
San Juan de Ulúa, ilha de: 303
San Julián, porto de: 65
Santa Croce: 66
Santa Inquisição: 16, 32, 52, 190, 207, 301, 303
Santa Paula, cemitério: 307
Santiago del Estero: 24
Santiago, rio: 61
Santíssima Trindade: 89
São Domingos, catedral de: 317
São Domingos (República Dominicana): 287
São Petersburgo: 357
São Salvador da Bahia (Brasil): 385
Sardinha, Pedro (bispo): 115
Satã: 237, 316
Satanás: 50, 127
Scholl, Sophie: 349
Schopenhauer, Arthur: 88
Schubert, Franz: 26
Scliar, Moacyr: 254
Semenovsk, praça: 357
Sena, rio: 176
Senegal: 275
Senghor, Léopold: 275
Sergipe (Brasil): 288
Servando Teresa de Mier, frei: 392
Sevilha: 318, 408
Shakespeare: 111, 384
Shearer, Douglas: 108
Sherlock Holmes: 137, 157, 172
Sichuan: 60
Sicília: 322
Simeão, são: 163
Simiao, Sun: 333
Sinatra, Frank: 322
Sisto V, papa: 391
Smith, David: 355
Snuyon, príncipe: 272
Sociedade Espanhola de História Natural: 383
Sócrates: 331
Solano López, Francisco: 81
Sorocaba: 56
SS (Alemanha): 233
Stálin, Josef: 375
Standard Oil Company: 84, 169
Stanton, Elizabeth: 199
Starnes, Joe: 384
Sterne, Hedda: 232
Stoker, Bram: 175
Strand: 172
Suécia: 128
Sullivan, Roy: 55
Sung, Kim Il: 220
Sûreté Générale (polícia francesa): 157
Surita, Tomasa: 197

T

Tambogrande (aldeia): 183
Tartini, Giuseppe: 90

Tarzan: 108, 258, 263
Tchecosfováquia: 283
Tchékhov, Anton: 43
Telepnev, príncipe: 272
Tenochtitlán: 350
Terra do Fogo: 69
Texaco (empresa): 109
Texas: 233
Texcoco (México): 187
Tezcatlipoca: 390
The New York Times: 103, 308
The Washington Post: 26
Thiers, Adolphe: 222
Tilove, Jonathan: 152
Times: 172
Tintim: 168
Tissié, Philippe: 199
Titanic: 128
Titicaca, lago: 204
Tiutin, príncipe: 272
Tívoli, sala: 131
Tlaloc: 390
Tocantins (Brasil): 83
Tomás, apóstolo: 392
Tonantzin: 390, 392
Treviso: 201
Trombetas, rio: 83
Trudo, Agaja (rei de Daomé): 381
Truganini, rainha: 154
Trujillo, Rafael: 371
Truman, Harry: 252
Tunísia: 395
Turquia: 20
Tutancâmon: 155
Twain, Mark: 165

U

Ucrânia: 140
União Europeia: 123
União Soviética: 264, 367, 402
United Fruit Company: 93, 139
United Plastics: 61
Universidade de Madri: 85
Universidade de Stanford: 267
Uruguai: 64, 85, 206, 210, 228, 258, 289, 290
Uruguai, rio: 58
Utopia: 166

V

Valdés, Francisco: 367
Vallejo Nájera, Antonio: 63
Vallejo (tenente): 22
Van Gogh, Theo: 240
Van Gogh, Vincent: 240
Van Leeuwenhoek, Antonie: 336
Varella, Drauzio: 356
Vasa (*Invencível*, navio de guerra): 128
Vaticano: 170
Velho Oeste: 148, 293
Venezuela: 125
Veracruz: 310, 383
Veracruz, porto de: 303
Vermeer, Johannes: 336
Verne, Júlio: 360
Versalhes, palácio de: 307
Via Láctea: 249
Vitória (rainha): 37, 338
Videla, Jorge Rafael: 104
Vidocq, Eugène François: 157

Vietnã: 153, 274
Villaflor, Azucena: 144
Villa, Francisco (Pancho): 89, 297
Villagra, Helena: 226
Villa-Lobos, Heitor: 363
Viracocha: 204
Virgem de Guadalupe: 390
Virgem Maria: 105, 152, 390, 392
Virgínia: 55
Virgínia (Estados Unidos): 380
Vitalino: 221
Vladimir: 272
Voltaire: 285
Voltaire (François Arouet): 137
Von Braun, Werner: 233
Von Humboldt, Alexander: 216

W

Wall Street: 152, 191, 295
Washington, cidade de: 26, 152, 235, 274, 384
Washington, George: 218
Watt, James: 33
Weissmuller, Johnny: 108, 258
Welles, Orson: 342
West, Mae: 263
Williams, Ruth: 309
Wilson, Woodrow: 116
Wittenberg, castelo de: 343
Woods, Bretton: 235
Wright, irmãos: 400
Wuhan, zoológico de: 158

X

Xalapa (México): 307
Xangô: 50
Xerox: 61
Xerxes, rei da Pérsia: 299
Xochipilli: 390
Xstrata, mineradora: 341

Y

Yahvé: 88
Yale, Linus: 332
Yangtsé, rio: 205, 250
Yáñez, o navegador: 293
Iêmen: 325
Iucatã: 106, 127, 243, 293
Yupanqui, Atahualpa: 45

Z

Zamata, Francisco: 361
Zapata, Emiliano: 290, 297, 320
Zatopek, Emil: 239
Zeferina: 83
Zin Nu, tecelã: 249
Zizinho: 228

Índice

Gratidões 9

Janeiro 13
1. Hoje [15]. 2. Do fogo ao fogo [16]. 3. A memória andante [17]. 4. Terra que chama [18]. 5. Terra que diz [19]. 6. Terra que espera [20]. 7. A neta [21]. 8. Não digo adeus [22]. 9. Elogio à brevidade [23]. 10. Distâncias [24]. 11. O prazer de ir [25]. 12. A urgência de chegar [26]. 13. Terra que grita [27]. 14. A maldição haitiana [28]. 15. O sapato [29]. 16. A proibição é a melhor publicidade [30]. 17. O homem que fuzilou Deus [31]. 18. Água sagrada [32]. 19. Uma era nasceu com ele [33]. 20. Sagrada serpente [34]. 21. Eles caminhavam sobre as águas [35]. 22. A mudança de um reino [36]. 23. Mãe civilizadora [37]. 24 . Pai civilizador [38]. 25. O direito à picardia [39]. 26. Segunda fundação da Bolívia [40]. 27. Para que você escute o mundo [41]. 28. Para que você leia o mundo [42]. 29. Silenciando, digo [43]. 30. A catapulta [44]. 31. Somos de vento [45]

Fevereiro..47
1. Um almirante aos pedaços [49]. 2. A deusa está em festa [50]. 3. O carnaval abre alas [51]. 4. A ameaça [52]. 5. A duas vozes [53]. 6. O grito [54]. 7. O oitavo raio [55] 8. A beijação geral [56]. 9. Mármore que respira [57]. 10. Uma vitória da Civilização [58]. 11. Não [59]. 12. O direito de mamar [60]. 13. O perigo de brincar [61]. 14. Crianças roubadas [62]. 15. Outras crianças roubadas [63]. 16. A Operação Condor [64]. 17. A festa que não houve [65]. 18. Só dele [66]. 19. Pode ser que Horacio Quiroga tivesse contado assim sua própria morte: [67]. 20. Dia da Justiça Social [68]. 21. O mundo encolhe [69]. 22. O silêncio [70]. 23. O livro dos prodígios [71]. 24. Uma lição de realismo [72]. 25. A noite kuna [73]. 26. África minha [74]. 27. Os bancos também são mortais [75]. 28. Quando [76]. 29. O vento não levou [77]

Março..79
1. Foi [81]. 2. Digo assoviando [82]. 3. Libertadoras brasileiras [83]. 4. O milagre saudita [84]. 5. O divórcio como medida higiênica [85]. 6. A florista [86]. 7. As bruxas [87]. 8. Homenagens [88]. 9. O dia em que o México invadiu os Estados Unidos [89]. 10. O Diabo tocou violino [90]. 11. A esquerda é a universidade da direita [91]. 12. Mais sabe o sonho que a vigília [92]. 13. As boas consciências [93]. 14. O capital [94]. 15. Vozes da noite [95]. 16. Quem conta um conto [96]. 17. Eles souberam escutar [97]. 18. Com os deuses por dentro [98]. 19. Nascimento do cinema [99]. 20. O mundo que poderia ter sido [100]. 21. O mundo que é [101]. 22. Dia da Água [102]. 23. Por que massacramos os índios [103]. 24. Por que desaparecemos os desaparecidos [104]. 25. A anunciação [105]. 26. Libertadoras maias [106]. 27. Dia do Teatro [107]. 28. A fabricação da África [108]. 29. Aqui existiu uma selva [109]. 30. Dia do Serviço Doméstico [110]. 31. Essa pulga [111].

Abril..113
1. O primeiro bispo [115]. 2. A fabricação da opinião pública [116]. 3. Bons garotos [117]. 4. O fantasma [118]. 5. Dia de luz [119]. 6. Travessia da noite [120]. 7. A conta do doutor [121]. 8. O homem que nasceu muitas vezes [122]. 9. A boa saúde [123]. 10. A fabricação de doenças [124]. 11. Meios de comunicação [125]. 12. A fabricação do culpado [126]. 13. Não soubemos ver você [127]. 14. Grandiosos ou grandalhões? [128]. 15. As pinturas negras [129]. 16. O canto profundo [130]. 17. Caruso cantou e correu [131]. 18. Cuidado com ele [132]. 19. Os filhos das nuvens [133]. 20. Um papelão inesquecível [134]. 21. O indignado [135]. 22. Dia da Terra [136]. 23. A fama é pura lorota [137]. 24. O perigo de publicar [138]. 25. Por favor, não me salvem [139]. 26. Aqui não aconteceu nada [140]. 27. As voltas da vida [141]. 28. Este inseguro mundo [142]. 29. Ela não esquece [143]. 30. As rondas da memória [144].

Maio..145
1. Dia dos Trabalhadores [147]. 2. Operação Jerônimo [148]. 3. A desonra [149]. 4. Enquanto a noite durar [150]. 5. Cantando, amaldiçoo. [151]. 6. Aparições [152]. 7. Os estraga-prazeres [153]. 8.

O demônio da Tasmânia [154]. 9. Nasceu para encontrá-lo [155]. 10. O imperdoável [156]. 11. O faz-tudo [157]. 12. Os sismógrafos vivos [158]. 13. Para que você cante, para que você veja [159]. 14. A dívida alheia [160]. 15. Que amanhã não seja outro nome de hoje [161]. 16. Para o manicômio, já! [162]. 17. A moradia humana [163]. 18. A viagem da memória [164]. 19. O profeta Mark [165]. 20. Um raro ato de lucidez [166]. 21. Dia da Diversidade Cultural [167]. 22. Tintim entre os selvagens [168]. 23. A fabricação do poder [169]. 24. Os hereges e o santo [170]. 25. Heresias [171]. 26. Sherlock Holmes morreu duas vezes [172]. 27. Querido vagabundo [173]. 28. Oswiecim [174]. 29. Vampiros [175]. 30. Da fogueira ao altar [176]. 31. A incombustível [177].

Junho **179**
1. Santos varões [181]. 2. Os índios são pessoas [182]. 3. A vingança de Atahualpa [183]. 4. Memória do futuro [184]. 5. A natureza não é muda [185]. 6. As montanhas que foram [186]. 7. O rei poeta [187]. 8. Sacrílego [188]. 9. Sacrílegas [189]. 10. Um século depois [190]. 11. O homem que vendeu a torre Eiffel [191]. 12. A explicação do mistério [192]. 13. Efeitos colaterais [193]. 14. A bandeira como disfarce [194]. 15. Uma mulher conta [195]. 16. Eu quero dizer uma coisa [196]. 17. Tomasa não pagou [197]. 18. Susan também não pagou [198]. 19. Alarme: bicicletas! [199]. 20. Este inconveniente [200]. 21. Todos somos você [201]. 22. A cintura do mundo [202]. 23. Fogos [203]. 24. O Sol [204]. 25. A Lua [205]. 26. O reino do medo [206]. 27. Somos todos culpados [207]. 28. O Inferno [208]. 29. O Logo Aqui [209]. 30. Nasceu uma incomodadora [210].

Julho **211**
1. Um terrorista a menos [213]. 2. Pré-história olímpica [214]. 3. A pedra no buraco [215]. 4. O Cruzeiro do Sul [216]. 5. O direito de rir [217]. 6. Me engane [218]. 7. Fridamania [219]. 8. O Líder Perpétuo [220]. 9. Os sóis que a noite esconde [221]. 10. A fabricação de romances [222]. 11. A fabricação de lágrimas [223]. 12. A consagração do goleador [224]. 13. O gol do século [225]. 14. O baú dos perdedores [226]. 15. Uma cerimônia de exorcismo [227]. 16. Meu querido inimigo [228]. 17. Dia da Justiça [229]. 18. A história

é um jogo de dados [230]. 19. O primeiro turista das praias cariocas [231]. 20. A intrusa [232]. 21. O outro astronauta [233]. 22. A outra Lua [234]. 23. Gêmeos [235]. 24. Malditos sejam os pecadores [236]. 25. Receita para disseminar a peste [237]. 26. Chuva de gatos [238]. 27. A locomotiva de Praga [239]. 28. Testamento [240]. 29. Queremos outro tempo [241]. 30. Dia da Amizade [242]. 31. O tempo anunciado [243].

Agosto **245**
1. Mãe nossa que estais na terra [247]. 2. Campeão [248]. 3. Os apaixonados [249]. 4. Roupa que conta [250]. 5. O mentiroso que nasceu três vezes [251]. 6. A bomba de Deus [252]. 7. Me espia [253]. 8. Maldita América [254]. 9. Dia dos Povos Indígenas [255]. 10. Manuelas [256]. 11. Família [257]. 12. Atletos e atletas [258]. 13. O direito à valentia [259]. 14. O maníaco dos mosquitos [260]. 15. A pérola e a coroa [261]. 16. As sementes suicidas [262]. 17. Mulher perigosa [263]. 18. A rede das redes [264]. 19. A guerra no tabuleiro [265]. 20. A mão de obra celestial [266]. 21. A divisão do trabalho [267]. 22. A melhor mão de obra [268]. 23. A pátria impossível [269]. 24. Era o dia do deus romano do fogo [270]. 25. O resgate da cidade prisioneira [271]. 26. A pureza da fé [272]. 27. A pureza da raça [273]. 28. "Eu tenho um sonho" [274]. 29. Homem de cor [275]. 30. Dia dos Desaparecidos [276]. 31. Heróis [277].

Setembro **279**
1. Traidores [281]. 2. O inventor das guerras preventivas [282]. 3. Gente agradecida [283]. 4. Palavra [284]. 5. Combata a pobreza: mate um pobre. [285]. 6. A comunidade internacional [286]. 7. O visitante [287]. 8. Dia da Alfabetização [288]. 9. Estátuas [289]. 10. A primeira reforma agrária da América [290]. 11. Dia contra o Terrorismo [291]. 12. Palavras viventes [292]. 13. O viajante imóvel [293]. 14. A independência como medicina preventiva [294]. 15. Adote um banqueirinho! [295]. 16. Baile de máscaras [296]. 17. Libertadoras mexicanas [297]. 18. A primeira doutora [298]. 19. A primeira almiranta [299]. 20. Campeãs [300]. 21. Profeta de si [301]. 22. Dia sem Automóveis [302]. 23. Navegações [303]. 24. O

mago inventor [304]. 25. O sábio perguntador [305]. 26. Como era esse mundo quando começava a ser mundo? [306]. 27. Pompas fúnebres [307]. 28. Receita para tranquilizar os leitores [308]. 29. Um precedente perigoso [309]. 30. Dia dos Tradutores [310].

Outubro 311
1. A ilha esvaziada [313]. 2. Este mundo apaixonado pela morte [314]. 3. Para cachear o cacheado [315]. 4. Dia dos Animais [316]. 5. A última viagem de Colombo [317]. 6. As últimas viagens de Cortez [318]. 7. As últimas viagens de Pizarro [319]. 8. Os três [320]. 9. Eu vi ele e vi que ele me via [321]. 10. O Padrinho [322]. 11. A dama que atravessou três séculos [323]. 12. O Descobrimento [324]. 13. Os robôs alados [325]. 14. Uma derrota da Civilização [326]. 15. Sem milho não há país [327]. 16. Ele acreditou que a justiça era justa [328]. 17. Guerras caladas [329]. 18. As mulheres são pessoas [330]. 19. Invisíveis [331]. 20. O profeta Yale [332]. 21. Explodi-vos uns aos outros [333]. 22. Dia da Medicina Natural [334]. 23. Cantar [335]. 24. Ver [336]. 25. Homem teimoso [337]. 26. Guerra a favor das drogas [338]. 27. Guerra contra as drogas [339]. 28. As loucuras de Simón [340]. 29. Homem de bom coração [341]. 30. Os marcianos estão chegando! [342]. 31. Os avós das caricaturas políticas [343].

Novembro 345
1. Cuidado com os bichos [347]. 2. Dia de Finados [348]. 3. A guilhotina [349]. 4. O suicídio de Tenochtitlán [350]. 5. Uma enfermidade chamada trabalho [351]. 6. O rei que não foi [352]. 7. Sonhos [353]. 8. Imigrantes legais [354]. 9. Proibido passar [355]. 10. Dia da Ciência [356]. 11. Fiódor Dostoiévski nasceu duas vezes [357]. 12. Não gosto que mintam para mim [358]. 13. O pai de Moby Dick [359]. 14. A mãe das jornalistas [360]. 15. Hugo Blanco nasceu duas vezes [361]. 16. Um investigador da vida [362]. 17. O outro ouvido [363]. 18. O Zorro nasceu quatro vezes [364]. 19. O musgo e a pedra [365]. 20. Crianças que dizem [366]. 21. O jogo mais triste da história [367]. 22. Dia da Música [368]. 23. Avô [369]. 24. Avó [370]. 25. Dia contra a Violência Doméstica [371]. 26. Laura e Paul [372].

27. Quando as águas do Rio de Janeiro arderam [373]. 28. O homem que ensinava aprendendo [374]. 29. Campeonato mundial do terror [375]. 30. Encontro no Paraíso [376].

Dezembro 377

1. Adeus às armas [379]. 2. Dia contra a Escravidão [380]. 3. O rei que disse basta [381]. 4. Memória verde [382]. 5. A vontade de beleza [383]. 6. Uma lição de teatro [384]. 7. A arte não tem idade [385]. 8. A arte dos neurônios [386]. 9. A arte de viver [387]. 10. Bendita guerra [388]. 11. O poeta que era uma multidão [389]. 12. Tonantzin se chama Guadalupe [390]. 13. Dia do Canto Coral [391]. 14. O frade que fugiu sete vezes [392]. 15. O homem verde [393]. 16. Combata a pobreza: maquie os números. [394]. 17. O foguinho [395]. 18. Os primeiros exilados [396]. 19. Outra exilada [397]. 20. O encontro [398]. 21. A alegria de dizer [399]. 22. A alegria de voar [400]. 23. Ressurreições [401]. 24. Milagre! [402]. 25. A viagem do Sol [403]. 26. A viagem ao mar [404]. 27. O viajante [405]. 28. Saudades do futuro [406]. 29. O caminho é o destino [407]. 30. Somos de música [408]. 31. A viagem da palavra [409].

Índice onomástico 411

lepmeditores
www.lpm.com.br
o site que conta tudo

IMPRESSÃO:

PALLOTTI
GRÁFICA

Santa Maria - RS | Fone: (55) 3220.4500
www.graficapallotti.com.br